Alexander McCall Smith

Contes africains
African Tales

Langues pour tous
Collection dirigée par Jean-Pierre Berman,
Michel Marcheteau et Michel Savio

ANGLAIS Série bilingue

Niveaux : ❏ facile ❏❏ moyen ❏❏❏ avancé

Littérature anglaise et irlandaise

- **Carroll (Lewis)** ❏
  Alice au pays des merveilles
- **Cleland (John)** ❏❏❏
  Fanny Hill
- **Conan Doyle** ❏
  Nouvelles (6 volumes)
- **Dickens (Charles)** ❏❏
  David Copperfield
  Un conte de Noël
- **Fleming (Ian)** ❏❏
  James Bond en embuscade
- **Greene (Graham)** ❏❏
  Nouvelles
- **Jerome K. Jerome** ❏❏
  Trois hommes dans un bateau
- **Kipling (Rudyard)** ❏
  Le livre de la jungle (extraits)
- **Mansfield (Katherine)** ❏❏❏
  Nouvelles
- **Masterton (Graham)** ❏❏
  Nouvelles
- **Maugham (Somerset)** ❏
  Nouvelles brèves
- **Stevenson (Robert Louis)** ❏❏
  L'étrange cas du Dr Jekyll
  et de Mr Hyde
- **Wilde (Oscar)**
  Nouvelles ❏
  Il importe d'être constant ❏
- **Woodhouse (P.G.)**
  Jeeves, occupez-vous de ça ! ❏❏

Ouvrages thématiques

- L'humour anglo-saxon ❏
- Science fiction ❏❏
- 300 blagues britanniques
  et américaines ❏❏

Littérature américaine

- **Bradbury (Ray)** ❏❏
  Nouvelles
- **Hammett (Dashiell)** ❏❏
  Meurtres à Chinatown
- **Highsmith (Patricia)** ❏❏
  Crimes presque parfaits
- **Hitchcock (Alfred)** ❏❏
  Voulez-vous tuer avec moi ?
- **King (Stephen)** ❏❏
  Nouvelles
- **James (Henry)** ❏❏❏
  Le tour d'écrou
- **London (Jack)** ❏❏
  Histoires du grand Nord
  Contes des mers du Sud
- **Fitzgerald (Scott)** ❏❏❏
  Un diamant gros comme
  le Ritz
  L'étrange histoire
  de Benjamin Button ❏

Anthologies

- **Nouvelles US/GB** ❏❏ (2 vol.)
- **Les grands maîtres
  du fantastique** ❏❏
- **Nouvelles américaines
  classiques** ❏❏
- **Nouvelles anglaises
  classiques** ❏❏

Autres langues disponibles dans les séries de la collection
Langues pour tous

ALLEMAND · AMÉRICAIN · ARABE · CHINOIS · ESPAGNOL · FRANÇAIS · GREC · HÉBREU
ITALIEN · JAPONAIS · LATIN · NÉERLANDAIS · OCCITAN · POLONAIS · PORTUGAIS
RUSSE · TCHÈQUE · TURC · VIETNAMIEN

ALEXANDER McCALL SMITH

Contes africains
African Tales

Choix, traduction et notes

par

Michel Marcheteau

Agrégé d'anglais

Michel Marcheteau, agrégé d'anglais, a été professeur à l'École Supérieure de Commerce de Paris. Il a également été conseiller linguistique au CELSA (Paris IV). Co-auteur de plusieurs ouvrages d'anglais commercial et économique et de méthodes audio-orales, il s'intéresse tout particulièrement à la diffusion des langues dans le grand public. Il est, avec J.-P. Berman et Michel Savio, codirecteur de la collection *Langues pour Tous*.

© 2009, Éditions Pocket – Langues pour Tous,
département d'Univers Poche, pour la traduction,
lea notice biographique et les notes.
ISBN : 978-2-266-18895-1

Sommaire

Prononciation

Sons voyelles

[ɪ] **pit**, un peu comme
le *i* de *site*

[æ] **flat**, un peu comme
le *a* de *patte*

[ɒ] ou [ɔ] **not**, un peu comme
le *o* de *botte*

[ʊ] ou [u] **put**, un peu comme
le *ou* de *coup*

[e] **lend**, un peu comme
le *è* de *très*

[ʌ] **but**, entre le *a* de *patte*
et le *eu* de *neuf*

[ə] jamais accentué, un peu
comme le *e* de *le*

Voyelles longues

[iː] **meet** [miːt], cf. *i*
de *mie*

[ɑː] **farm** [fɑːrm], cf. *a*
de *larme*

[ɔː] **board** [bɔːrd], cf. *o*
de *gorge*

[uː] **cool** [kuːl], cf. *ou*
de *mou*

[ɜː] ou [əː] **firm** [fəːrm], cf. *eu*
de *peur*

Semi-voyelle

[j] **due**, [djuː],
un peu comme *diou...*

Diphtongues (voyelles doubles)

[aɪ] **my** [maɪ], cf. *aïe !*

[ɔɪ] **boy** [bɔɪ], cf. *oyez !*

[eɪ] **blame** [bleɪm], cf. *eille*
dans *bouteille*

[aʊ] **now** [naʊ], cf. *aou*
dans *caoutchouc*

[əʊ] ou [əu] **no** [nəʊ],
cf. *e + ou*

[ɪə] **here** [hɪər], cf. *i + e*

[eə] **dare** [deər], cf. *é + e*

[ʊə] ou [uə] **tour**, [tʊər],
cf. *ou + e*

Consonnes

[θ] **thin** [θɪn], cf. *s* sifflé
(langue entre les dents)

[ð] **that** [ðæt], cf. *z* zézayé
(langue entre les dents)

[ʃ] **she** [ʃiː], cf. *ch* de *chute*

[ŋ] **bring** [brɪŋ], cf. *ng*
dans *ping-pong*

[ʒ] **measure** ['meʒər], cf. le *j*
de *jeu*

[h] le *h* se prononce ;
il est nettement expiré

Accentuation

' – accent unique ou principal, comme dans MOTHER ['mʌðər]

ˌ – accent secondaire, comme dans PHOTOGRAPHIC [ˌfəutɔ'græfɪk]

ʳ indique que le **r**, normalement muet, est prononcé en liaison ou en américain

Comment utiliser la série « Bilingue »

La série bilingue anglais/français permet aux lecteurs :

• d'avoir accès aux versions originales de textes célèbres, et d'en apprécier, dans les détails, la forme et le fond ;

• d'améliorer leur connaissance de l'anglais, en particulier dans le domaine du vocabulaire dont l'acquisition est facilitée par l'intérêt même du récit, et le fait que mots et expressions apparaissent en situation dans un contexte, ce qui aide à bien cerner leur sens. Cette série constitue donc une véritable méthode d'auto-enseignement, dont le contenu est le suivant :

• page de gauche, le texte anglais ;

• page de droite, la traduction française ;

• bas des pages de gauche et de droite, une série de notes explicatives (vocabulaire, grammaire, etc.).

Les notes de bas de page aident le lecteur à distinguer les mots et expressions idiomatiques d'un usage courant aujourd'hui, et qu'il lui faut mémoriser, de ce qui peut être trop exclusivement lié aux événements et à l'art de l'auteur.

Il est conseillé au lecteur de lire d'abord l'anglais, de se reporter aux notes et de ne passer qu'ensuite à la traduction ; sauf, bien entendu, s'il éprouve de trop grandes difficultés à suivre le texte dans ses détails, auquel cas il lui faut se concentrer davantage sur la traduction, pour revenir finalement au texte italien, en s'assurant bien qu'il en a maintenant maîtrisé le sens.

Biographie

ALEXANDER MCCALL SMITH est né en Rhodésie (aujourd'hui Zimbabwe) le 24 août 1948. Il y fait ses études avant d'aller en Ecosse étudier le droit à l'université d'Édimbourg, pour l'enseigner en Afrique du Sud, à l'université du Botswana. Il retourne ensuite à Édimbourg, où il devient professeur de droit appliqué à la médecine.

Professeur émérite de l'université d'Édimbourg, il a été président du comité d'éthique du British Medical Journal, vice-président de la commission sur la Génétique humaine du Royaume-Uni et membre du Comité international de bioéthique de l'UNESCO. Auteur de nombreux textes et communications académiques, il se consacre aujourd'hui à son œuvre d'écrivain.

Il est internationalement connu pour ses livres de fiction et ses contes pour enfants.

Il est également bassoniste amateur et cofondateur du « Really Terrible Orchestra ».

Alexander McCall Smith a un site Internet plein de drôlerie :
http://www.alexandermccallsmith.co.uk/Pages/Home.aspx

Bibliographie

Cycle Les enquêtes de Mma Ramotswe
(1998- 2008)

Cycle Isabel Dalhousie
(2004-2007)

Cycle Dr. von Igelfeld
(2003)

Cycle 44 Scotland Street
(2005-2006)

Recueils de contes

Children of Wax : African Folk Tales
(1991)

Heavenly Date and Other Flirtations
(1995)

The Girl Who Married a Lion and Other Tales from Africa
(2004)

Children's books
(1984-2006)

Textes académiques
(1978-2004)

Présentation

Écrits dans une langue dont la simplicité grammaticale s'accompagne d'une grande richesse idiomatique, ces courtes nouvelles sont un outil efficace d'initiation à l'anglais sous sa forme parlée la plus directe et la plus moderne.

Sous l'apparente naïveté du récit, elles recèlent des trésors d'humour et de sagesse et envoûtent le lecteur par leur magie africaine.

Guinea Fowl Child

L'enfant pintadeau

A rich man like Mzizi, who had many cattle[1], would normally be expected[2] to have many children. Unhappily, his wife, Pitipiti, was unable to produce children. She consulted many people about this, but although she spent much on charms and medicines[3] that would bring children, she remained barren[4].

Pitipti loved her husband and it made her sad to see his affection for her vanishing[5] as he waited for the birth of children. Eventually[6], when it was clear that she was not a woman for bearing[7] a child, Pitipiti's husband married another wife. Now, she lived in the big kraal[8] with his new young wife and Pitipiti heard much laughter coming form the new wife's hut. Soon there was a first child, and then another.

Pitipiti went to take gifts to the children, but she was rebuffed[9] by the new wife.

"For so many years Mzizi wasted[10] his time with you," the new wife mocked. "Now in just a short time I have given him children[11]. We do not want your gifts."

She looked for signs in her husband's eyes of the love he used to show[12] for her, but all she saw was the pride[13] that he felt on being the father of children. It was as if she no longer existed for him. Her heart cold within her, Pitipiti made her way back to her lonely hut and wept[14]. What was there left for her to live for now – her husband would not have her and her brothers were far away. She would have to continue living by herself and she wondered whether she would be able to bear such loneliness.

---

1. **cattle** est un collectif pluriel.
2. **expected** : notez la voix passive possible en anglais : **They expected him to have many children** donne : **He was expected to have many children.**
3. **medicines** : a. *médecine*; b. *remède, médicament.*
4. **barren** : *stérile*; (terrain) *aride*; (ouvrage) *sans intérêt.*
5. **to vanish** : *disparaître, s'évanouir, se dissiper, se volatiliser.*
6. **eventually** : faux ami qui signifie *finalement.*
7. **to bear** (**bore, borne**) : *porter*; *supporter.*

D'un homme riche comme Mzizi, qui possédait un nombreux bétail, on s'attendait à ce qu'il ait de nombreux enfants. Malheureusement son épouse, Pitipiti, était incapable d'en avoir. Elle avait consulté beaucoup de monde à ce sujet, mais, malgré ses dépenses considérables en charmes et en médicaments pour avoir des enfants, elle restait stérile.

Pitipiti aimait son mari et cela l'attristait de voir son affection pour elle se tarir alors qu'il attendait les naissances. Finalement, quand il apparut clairement qu'elle n'était pas femme à porter un enfant, le mari de Pitipiti prit une autre épouse. Il vivait maintenant dans un grand enclos avec sa jeune femme, et Pitipiti entendait tous les rires qui venaient de la case de la nouvelle épouse. Il y eut bientôt un premier enfant, puis un autre.

Pitipiti alla porter des cadeaux aux enfants, mais elle fut repoussée par la nouvelle épouse.

« Pendant toutes ces années, Mzizi a perdu son temps avec toi, dit la nouvelle épouse en se moquant d'elle. Et maintenant, en un rien de temps je lui ai donné des enfants. Nous ne voulons pas de tes cadeaux. »

Elle rechercha dans les yeux de son mari les signe d'amour qu'il lui montrait jadis, mais tout ce qu'elle y vit fut sa fierté d'être père. C'était comme si elle n'existait plus pour lui. Son cœur se glaça ; Pitipiti regagna sa case solitaire et se mit à pleurer. Que lui restait-il comme raison de vivre – son mari ne voulait plus d'elle et ses frères étaient si loin. Il lui faudrait continuer à vivre seule et elle se demandait si elle pourrait supporter cette solitude.

---

8. **kraal** : mot d'origine sud-africaine = *enclos*.

9. **to rebuff** : *repousser, rabrouer*.

10. **to waste** : *gâcher, gaspiller* ; (temps) *perdre* ; (occasion) *laisser passer*.

11. **children** : pluriel de **child**, *enfant*.

12. **he used to show** : **used to,** forme fréquentative, indique la répétition d'actions dans le passé, ou le regret de ce qui n'est plus, ou les deux : cf. **Things aren't what they used to be,** *les choses ne sont plus ce qu'elles étaient*.

13. **pride** : fierté. Être fier de : **to be proud of. To weep (wept, wept)** : *pleurer, verser des larmes*.

Some months later, Pitipiti was ploughing her fields when she heard a cackling noise coming from some bushes nearby. Halting the oxen[1], she crept[2] over to the bushes and peered[3] into them. There, hiding[4] in the shade[5], was a guinea fowl[6]. The guinea fowl saw her and cackled again.

"I am very lonely," he[7] said. "Will you make me your child?"

Pitipiti laughed. "But I cannot have a guinea fowl for my child!" she exclaimed. "Everyone would laugh at me."

The guinea fowl seemed rather taken aback[8] by this reply, but he did not give up.

"Will you[9] make me your child just at night?" he asked. "In the mornings I can leave your hut very early and nobody will know."

Pitipiti thought about this. Certainly this would be possible: if the guinea fowl was out of the hut by the time[10] the sun arose, then nobody need[11] know that she had adopted it. And it would be good, she thought, to have a child, even if it was really a guinea fowl.

"Very well," she said after a few moments' reflection. "You can be my child."

The guinea fowl was delighted and that evening, shortly after the sun had gone down[12], he came to Pitipiti's hut. She welcomed him and made him an evening meal, just as any mother would do with her child. They were both very happy.

---

1. **oxen** : pl. de **ox**, *bœuf.*

2. **to creep** (**crept, crept**) : *ramper* ; *se mouvoir sans bruit.*

3. **to peer** : *scruter, fixer, regarder d'un air interrogatif.*

4. **to hide** (**hid, hidden**) : *se cacher.* **To play hide and seek,** *jouer à cache cache* (**to seek, sought, sought,** *chercher*).

5. **shade** : *ombre* (du point de vue de la fraîcheur).; *ombre portée =* **shadow.**

6. **guinea fowl** : *pintade* ; de **Guinea,** la *Guinée* et **fowl,** *volaille, gibier à plume.*

7. **he said** : les animaux familiers sont, en anglais, masculins ou féminins. Le neutre (**it**) ne s'emploie pour eux qu'en l'absence de tout élément affectif.

14

Quelques mois plus tard, Pitipiti était en train de labourer ses champs quand elle entendit un caquètement provenant de buissons voisins. Elle fit arrêter ses bœufs, et se glissa jusqu'aux buissons qu'elle examina. Et là, dissimulé dans l'ombre, se tenait un pintadeau. Le pintadeau l'aperçut et caqueta de nouveau.

« Je suis tout seul, dit-il. Me prendras-tu comme enfant ? »

Pitipiti se mit à rire. « Mais je ne peux pas avoir un pintadeau pour enfant ! s'exclama-t-elle. Tout le monde se moquerait de moi. »

Le pintadeau sembla décontenancé par cette réponse, mais il ne se découragea pas.

« Et si tu me faisais ton enfant juste la nuit ? » demanda-t-il. Je pourrai quitter ta case très tôt le matin et personne ne saura rien. »

Pitipiti réfléchit. Ce serait certainement possible. Si le pintadeau avait quitté la case dès le lever du soleil, alors personne ne pourrait savoir qu'elle l'avait adopté. Et ce serait agréable, pensa-t-elle, d'avoir un enfant, même si c'était en réalité un pintadeau.

« Très bien, dit-elle, après quelques instants de réflexion. Tu peux devenir mon enfant. »

Le pintadeau fut enchanté, et ce même soir, peu après le crépuscule, il vint dans la case de Pitipiti. Elle lui souhaita la bienvenue et lui prépara son repas du soir, exactement comme une mère le ferait pour son enfant. Ils furent tous les deux très heureux.

---

8. **to be taken aback** : *être décontenancé, déconcerté, troublé.*

9. **will you** : **will** indique ici le futur, mais aussi l'idée de volonté (**will** = *volonté*).

10. **by the time** : *au moment où, le temps que.*

11. **need** : *avoir besoin.* La forme du prétérit – identique à celle du présent – est celle du défectif ou modal. Mais on pourrait aussi avoir **nobody will need to know**, où **need** est traité comme un verbe ordinaire.

12. mot à mot : *après que le soleil se fut couché* (eut descendu).

Still the new wife laughed at Pitipiti. Sometimes she would pass[1] by Pitipiti's fields and jeer[2] at her, asking her why she grew crops[3] if she had no mouths to feed[4].

Pitipiti ignored[5] these jibes[6], but inside her every one of them was like a small sharp spear that cuts and cuts[7].

The guinea fowl heard these taunts[8] from a tree in which he was sitting[9], and he cackled with rage. For the new wife, though, these sounds were just the sounds of a bird in a tree.

"Mother, " the guinea fowl asked that night. "Why do you bear the insults of that other woman?"

Pitipiti could think of no reply to this. In truth, there was little that she could do. If she tried to chase away the new wife, then her husband would be angry with her and might send her away altogether[10]. There was nothing she could do.

The bird, however, thought differently. He was not going to have his mother insulted in this way and the following day he arose[11] early and flew[12] to the highest tree that overlooked the fields of the new wife. There, as the sun arose, he called out a guinea fowl song:

> Come friends, there is grain top eat!
> Come and eat all this woman's grain!

It did not take long for the new wife to realize what was happening. Shouting with anger[13], she ran out of the fields and killing Pitipiti's guinea fowl and his friends. Then she took them back to her hut, plucked[14] out their feathers, and began to cook them.

---

1. **she would pass** : **would**, forme fréquentative, indique le caractère répétitif – mais moins systématique qu'avec **used to** – de l'action.

2. **to jeer** : *railler, conspuer, huer.*

3. **to grow crop** : *faire pousser des récoltes.*

4. **to feed (fed, fed)** : *nourrir* ; cf. **food**, *nourriture.*

5. **to ignore** : *ignorer,* au sens de *ne pas prêter attention à, ne pas tenir compte de, faire semblant* (de ne pas voir) ; *ignorer,* au sens de *ne pas savoir* = **not to know**.

6. **jibe** ou **gibe** : *raillerie, moquerie.*

7. mot à mot : *était comme une petite lance pointue qui coupe et coupe.*

Cependant, la nouvelle épouse continuait à se moquer de Pitipiti. Parfois elle traversait le champ de Pitipiti et la narguait, lui demandant pourquoi elle cultivait la terre puisqu'elle n'avait pas de bouches à nourrir.

Pitipiti faisait semblant de ne pas entendre ces provocations, mais chacune d'elles était comme une sagaie qui lui déchirait le cœur.

Le pintadeau entendit ces railleries depuis l'arbre où il était perché, et il se mit à caqueter de rage. Mais pour la nouvelle épouse, ce ne fut là que les cris d'un oiseau perché sur un arbre.

« Mère, demanda ce soir-là le pintadeau. Pourquoi supportes-tu les injures de cette femme ? »

Pitipiti ne trouva rien à répliquer. En vérité, il n'y avait pas grand-chose qu'elle pût faire. Si elle essayait de chasser la nouvelle épouse, cela irriterait son mari et c'est elle-même qu'il pourrait décider de renvoyer. Il n'y avait rien qu'elle pût faire.

L'oiseau, quant à lui, pensait différemment. Il n'allait pas laisser sa mère se faire insulter de cette manière et, le jour suivant, il se leva de bonne heure et vola jusqu'au plus grand arbre qui dominait les champs de la nouvelle épouse. Et là, au lever du soleil, il entonna un chant des pintadeaux :

> Venez, amis il y a du grain à manger !
> Venez manger tout le grain de cette femme !

La nouvelle épouse comprit vite ce qui se passait. Hurlant de colère, elle se précipita dans les champs et tua le pintadeau de Pitipiti et ses amis. Puis elle les emmena dans sa case, les pluma et commença à les cuire.

---

8. **taunt** : *raillerie, sarcasme.* **To taunt** : *railler, persifler, provoquer.*

9. **to sit** (**sat, sat**) : *être assis*, mais aussi *être perché.*

10. **altogether** : *tout à fait, complètement, en tout état de cause.*

11. **to arise** (**arose, arisen**) : **a.** *se lever* (soleil, etc.) ; **b.** *survenir, surgir* ; **c. to arise from**, *provenir de, résulter de.*

12. **to fly** (**flew, flown**) : *voler.*

13. **to shout with anger** : *crier de colère*, notez cet emploi de **with** : cf. **to be sick with fear**, *être malade de peur.*

14. **plucked out their feathers** : *arracha leurs plumes.*

Mzizi was called to the feast[1] and together he and his new wife ate[2] all the guinea fowl at one sitting[3]. It was a tasty[4] meal and they were both very pleased with themselves[5] for having made such a good start to the day.

No sooner had they finished the last morsel[6] than Mzizi and the new wife heard the sound of singing coming from their stomachs. It was the guinea fowls singing their guinea fowl songs. This, of course, frightened the couple and they immediately seized long knives and stabbed[7] at their stomachs to stop the noise. As the knives pierced their skins, bright blood[8] flowed freely and they fell[9] to the ground. As they fell, from out of the wounds[10] came the guinea fowl and his friends, cackling with joy at their freedom. Soon[11] they were back in the field, eating the last of the grain[12] that was left[13].

Pitipiti was pleased as she no longer had to suffer the taunts of the new wife. She now owned her husband's cattle and because of this there were many men waiting to marry her. All of them, of course, were happy at the thought that they might marry a wife that had such a clever[14] and unusual child.

---

1. **feast** : *festin, banquet*; signifie aussi *fête*, notamment *fête religieuse*.
To feast : *festoyer, banqueter*.

2. **to eat (ate, eaten)** : *manger*.

3. **at one sitting** : *en une seule fois*; **sitting** : *séance* (lors de laquelle les participants sont assis).

4. **tasty** : *savoureux, goûteux*; cf. **taste**, *le goût*; **to taste**, *goûter*.

5. **pleased with themselves** : *contents d'eux, satisfaits d'eux-mêmes*.

6. **morsel** : *morceau de nourriture*. La traduction la plus courante est *pièce*.

7. **to stab** : *poignarder, frapper d'un coup de couteau*.

8. **blood** : *sang*. Attention à la prononciation [blʌd], avec le même son [ʌ] que dans **but, nut**.

Mzizi fut invité au festin et tous deux, sa nouvelle épouse et lui, mangèrent tous les pintadeaux d'un seul coup. Ce fut un repas savoureux et l'un comme l'autre étaient forts satisfaits d'avoir si bien commencé la journée.

À peine avaient-ils fini le dernier morceau que Mzizi et sa nouvelle épouse entendirent chanter des voix qui provenaient de leurs estomacs. C'étaient les pintadeaux qui chantaient leurs chants de pintadeaux. Ceci, bien sûr, effraya le couple. Ils saisirent immédiatement de longs couteaux dont ils se lardèrent l'estomac pour faire cesser le bruit. Tandis que les couteaux leur transperçaient la peau, un sang rouge vif s'écoula abondamment et ils tombèrent à terre. Comme ils s'écroulaient, le pintadeau et ses amis jaillirent des plaies en caquetant, tout à leur joie d'avoir retrouvé la liberté. Ils retournèrent vite au champ, pour y manger jusqu'aux derniers grains.

Pitipiti était contente de ne plus avoir à supporter les sarcasmes de la nouvelle épouse. Elle était maintenant propriétaire du bétail de son mari, et pour cette raison beaucoup d'hommes se pressaient pour l'épouser. Tous, bien sûr, se réjouissaient à l'idée de pouvoir épouser une femme qui avait un enfant si malin et si extraordinaire.

---

9. **to fall** (**fell, fallen**) : *tomber*.

10. **wound** : désigne une *blessure par balle* ou *à l'arme blanche*, ou une *blessure morale*. Dans les autres cas, traduire *blessure* par **injury**.

11. **soon** : *bientôt*.

12. **grain** : *céréale(s), blé ; grain*.

13. **that was left** : qui *restait* (mot à mot : *qui était laissé*).

14. **clever** : *adroit, astucieux, ingénieux, malin, intelligent*. L'adjectif **intelligent** existe bien en anglais, mais désigne surtout l'intelligence abstraite.

A Bad Way to Treat Friends

Une mauvaise façon de traiter ses amis

It used to be[1] that Leopard[2], Goat[3], Guinea Fowl and Wild Cat were all good friends. They lived together in the same place, near some hills that came out of the plains, and where there was good water and cool places to sleep.

Goat had some very fine children, of which she was justly proud. They were strong and healthy[4] and they could stand on their back legs and eat the leaves from the shrubs[5] that other animals could not reach. They were very clever[6] children, too, and knew a lot about the world, which made other children envious. Leopard's children were not very strong. They could not run as fast as leopard children normally run, and their coats[7] were dull[8] and matted.

When Leopard saw Goat's children playing in the grass, her heart[9] was filled with hatred for them. These children made her own children look so thin[10] and weak that she wished that they could be got rid of[11]. In that way her own children would be the healthiest and strongest children in that place. But how was she to get Goat to go away for long enough for her to deal with[12] Goat's children? The idea came to her that she would ask Goat to go and look[13] for a new dress for her, as she had been invited – or so she would say – to a party to be held[14] by her cousins.

Goat agreed to Leopard's request[15], and she went off to the other side of the river[16] to look for a fine new dress for her friend, Leopard.

---

1. **It used to be** : **used to** indique un passé révolu.

2. **Leopard** : attention à la prononciation [ˈlepərd], le **o** n'est pas pro-noncé.

3. **goat** : peut désigner la *chèvre* ou le *bouc*. Pour préciser, dire **he-goat** ou **she-goat**.

4. **healthy** : *sain, en bonne santé* ; **health**, la *santé*.

5. **shrub** : *arbuste, arbrisseau*.

6. **clever** : le français *intelligent* sera souvent traduit par **clever** ou par **smart**.

7. **coat** : *manteau*, mais également *pelage* d'un animal, *robe* d'un cheval signifie aussi *couche*, **a coat of paint** : *une couche de peinture*.

Au temps jadis, Léopard, Chèvre, Pintade et Chatte sauvage étaient tous bons amis. Ils vivaient ensemble au même endroit, près des collines qui s'élevaient à la limite des plaines, et où il y avait de bons points d'eau et des coins bien frais pour dormir.

La chèvre avait de très beaux enfants, dont elle était fière à juste titre. Ils étaient forts et sains et pouvaient se dresser sur leurs pattes de derrière pour brouter les feuilles des arbustes que les autres animaux ne pouvaient atteindre. De plus ils étaient très intelligents et avaient une grande connaissance du monde, ce qui rendait jaloux les autres enfants. Les enfants Léopard n'étaient pas très solides. Ils ne couraient pas aussi vite que le font d'habitude les jeunes léopards, et leur pelage était terne et emmêlé.

En voyant les enfants de Madame Chèvre jouer dans l'herbe, Madame Léopard sentait son cœur s'emplir de haine à leur égard. Ils faisaient paraître ses propres enfants si chétifs et si faibles qu'elle aurait voulu pouvoir les faire disparaître. De cette façon, ses enfants à elle deviendraient les plus sains et les plus forts en ce lieu. Mais comment s'y prendre pour amener Madame Chèvre à s'éloigner suffisamment longtemps pour qu'elle règle leur compte aux enfants de cette dernière ? L'idée lui vint de demander à Madame Chèvre d'aller lui acheter une nouvelle robe car elle avait été invitée – c'est du moins ce qu'elle prétendrait – à une fête organisée par ses cousines.

Madame Chèvre accepta de lui rendre ce service, et traversa le fleuve afin d'aller chercher une belle robe neuve pour son amie.

---

8. **dull** : *ennuyeux, monotone, morne, terne*, (temps) *maussade*, (esprit) *terne*.

9. **heart** : attention à la prononciation, [hɑːᵼt].

10. **thin** : *mince, peu épais, fin* ; *maigre*.

11. **to get rid of** : *se débarrasser de*.

12. **to deal with** : *s'occuper de, se charger de, régler / résoudre* (un problème).

13. **to go and look for** : *aller chercher*.

14. **to hold** (**held, held**) : *tenir* ; *organiser* (une réunion, une élection, etc.).

15. **request** : *requête, demande*. **On request** : *sur demande*.

16. **river** : signifie selon les cas *rivière* ou *fleuve*.

She left her children behind, telling them not to wander[1] away but to stay within sight of Leopard, who would look after them. These strong children, who were also very obedient, agreed to do what their mother had asked them. All the time, Leopard was watching this, watching, watching.

Once Goat had gone, Leopard crouched down[2] and began to stalk[3] Goat's children through the long grass. The poor children, not knowing the danger that was now so close to them, were full of happiness. Then, in an instant, Leopard was upon them. She seized them and carried them back to her place by the scruff[4] of their neck. The children thought[5] that this must be a game, as Leopard was their mother's friend, and they continued to laugh and smile even as[6] they were dragged along[7].

Once she had captured all the children, Leopard tied up[8] their mouths and wrapped[9] them in leaves. Now they were bundles[10] ready to take off[11] to the party, where Leopard and her cousins would eat them. Unknown to Leopard, though, Guinea Fowl and Wild Cat had returned from a journey, and they watched in dismay[12] what Leopard was doing. They were saddened[13] by the thought that Goat's happy children would no longer be jumping up and down[14] in the grass and singing their goat songs that they all liked to hear. They could not believe that Leopard would be wicked[15] enough to do such a thing, but now they saw it all before their very eyes.

---

1. **to wander** : *errer, flâner, vagabonder, aller sans but* ; *s'égarer, s'écarter.* C'est la postposition qui suit, **away**, qui indique l'idée principale.

2. **to crouch** : *s'accroupir* ; *se tapir* ; *se ramasser* (avant de bondir).

3. **to stalk** : *traquer, suivre, filer.*

4. **scruff** : ce mot, qui désigne la partie arrière du cou, n'existe plus que dans l'expression **the scruff of the neck**.

5. **thought** : **to think** (**thought, thought**) : *penser* ; *une pensée*, **a thought**.

6. **even as** : mot à mot : *même comme.*

7. **to drag** : *traîner, tirer* ; *se traîner, tarder* ; **to drag one's feet**, *traîner les pieds* (au propre et au figuré ; **along** indique que l'on accompagne quelqu'un, qu'on suit le mouvement.

Elle quitta ses enfants en leur disant de ne pas s'éloigner, mais de rester à portée de vue de Madame Léopard qui prendrait soin d'eux. Ces robustes enfants, qui étaient aussi très obéissants, promirent de faire ce que leur mère leur avait demandé. Pendant ce temps, Madame Léopard suivait tout cela avec la plus grande attention.

Madame Chèvre partie, Madame Léopard s'accroupit et se mit à suivre les enfants de Madame Chèvre dans les hautes herbes. Les pauvres enfants, inconscients du danger qui était maintenant si proche d'eux, étaient tout à leur bonheur. Soudain, en un instant, elle bondit sur eux. Elle s'empara d'eux et les transporta chez elle par la peau du cou. Les enfants pensaient que, comme c'était l'amie de leur mère, ceci devait être un jeu, et ils continuèrent à rire et à sourire alors même qu'elle les traînait.

Après avoir capturé tous les enfants, Madame Léopard les bâillonna et les enveloppa dans des feuilles. C'étaient maintenant des paquets prêts à partir pour la fête où Madame Léopard et ses cousines les dévoreraient. Sans qu'elle le sache, cependant, Pintade et Chatte sauvage étaient rentrées de voyage, et observaient avec effroi ce que Madame Léopard était en train de faire. Elles étaient attristées par la pensée que les heureux enfants de Madame Chèvre ne sauteraient plus de droite et de gauche dans l'herbe en chantant leurs chansons de chevreaux que tout le monde aimait tant entendre. Elles ne parvenaient pas à croire que Madame Léopard fût méchante au point d'agir ainsi, mais en même temps elles le voyaient bien de leurs propres yeux.

---

8. **to tie** : *attacher* ; **up** renforce le verbe.

9. **to wrap** : *envelopper, emballer, empaqueter* ; **to gift wrap**, *faire un emballage cadeau*.

10. **bundle** : *paquet, ballot ; liasse* (de documents) ; *fagot*.

11. **to take off** : **a.** *partir* ; (avion) *décoller* ; **b.** (vêtement, etc.) *enlever*.

12. **dismay** : *consternation, désarroi*.

13. **to sadden** : verbe formé sur l'adjectif **sad**, *triste*, par ajout du suffixe en –**en** ; cf. **wide**, *large*, **to widen**, *élargir*, etc.

14. **up and down** : mot à mot : *en haut et en bas, en montant et en descendant*.

15. **wicked** : *méchant, mauvais* ; **wickedness**, *méchanceté, cruauté*.

Shortly afterwards, Goat returned from the other side of the river, bearing[1] a fine new dress which she had bought[2] for Leopard. Leopard was very pleased with this, as she was a vain[3] person who liked to wear fine dresses and admire her reflection in the water.

While Leopard was busy[4] trying on her new dress, Guinea Fowl and Wild Cat crept round[5] to the place where the parcels were stored[6] and they took the leaves off Goat's children.

"You must go and hide," they said to the children. "Make sure that Leopard doesn't see you, though, for she is very wicked."

Goat's children, shocked by what had happened to them, went off into the bushes, stifling[7] their tears as they did so. Guinea Fowl and Wild Cat did not go with them, as they had business to do. Seeing Leopard's children nearby[8], they went over to them and very quickly overpowered[9] them. It was not difficult to do that, as Leopard's children were weak and sickly[10]. Then them wrapped them in leaves — the very leaves which only a short time ago had been wrapped around Goat's children.

It was now time for everybody to set off to the party. Leopard, who was pleased with herself in her new dress, did not bother[11] to find out[12] where her children were and had no idea that they were inside the parcels which she was carrying. So when Guinea Fowl and Wild Cat asked her what was in these parcels, she replied only that there was good meat for them to have[13] at the party.

---

1. **to bear** (**bore, borne**) : *porter, transporter*. Si la chèvre avait porté la robe sur elle, le verbe aurait été **to wear** (**wore, worn**), *porter un vêtement*.

2. **bought : to buy** (**bought, bought**), *acheter*.

3. **vain** : *vaniteux, prétentieux, qui fait preuve d'un orgueil futile*.

4. **busy** : attention à la prononciation ['bɪzɪ], de même pour **business** ['bɪznɪs].

5. **crept round** (**to creep, crept, crept**) : **round**, *autour*, indique que la pintade et la chatte rampent avec prudence, en se cachant et, au besoin, en faisant un détour pour ne pas être vues.

6. **to store** : *mettre en réserve, conserver, accumuler, emmagasiner, entreposer, stocker*.

Peu de temps après, Madame Chèvre retraversa le fleuve, apportant une belle robe neuve qu'elle avait achetée pour Madame Léopard. Celle-ci en fut toute réjouie, car c'était une personne assez vaniteuse qui aimait porter de belles robes et admirer son reflet dans l'eau.

Pendant qu'elle était occupée à essayer sa nouvelle robe, Pintade et Chatte sauvage rampèrent jusqu'à l'endroit où les paquets étaient rangés et débarrassèrent les enfants de la chèvre des feuilles qui les enveloppaient.

« Il faut partir vous cacher, dirent-elles aux enfants. Veillez à ce que Madame Léopard ne vous voie pas, car elle est très méchante. »

Les enfants de Madame Chèvre, sous le choc de ce qui leur était arrivé, s'enfuirent dans les buissons en retenant leurs larmes. Pintade et Chatte sauvage ne les suivirent pas, car elles avaient à faire. Voyant que les enfants de Madame Léopard n'étaient pas loin, elles allèrent vers eux et les maîtrisèrent rapidement. Ce ne fut pas difficile, les petits léopards étaient si faibles et maladifs. Puis elles les enveloppèrent dans les feuilles, les mêmes qui, quelques instants plus tôt, avaient servi à emballer les chevreaux.

Il était maintenant temps pour tous de partir pour la fête. Madame Léopard, toute contente d'elle-même dans sa robe neuve, ne se soucia pas de savoir où se trouvaient ses enfants, et ne se douta pas qu'ils étaient dans les paquets qu'elle transportait. Si bien que, quand Pintade et Chatte sauvage lui demandèrent ce qu'ils contenaient, elle répondit simplement que c'était de la bonne viande pour manger pendant la fête.

---

7. **to stifle** : a. *étouffer, suffoquer* ; b. *réprimer, retenir* ; **it's stifling hot** : *il fait une chaleur étouffante.*

8. **nearby** : *à proximité, tout près.*

9. **to overpower** : *vaincre, dominer, terrasser, accabler, maîtriser, subjuguer.*

10. **sickly** : adjectif formé sur **sick**, *malade*. Indique le caractère maladif, la mauvaise santé, l'aspect malsain.

11. **to bother** : a. *ennuyer, harceler,* **stop bothering me !** *laisse-moi tranquille !* b. *se tracasser ; se donner la peine de.*

12. **to find out** : to find (**found, found**), *trouver* ; **to find out**, terme d'une recherche, *se renseigner.*

13. **to have** : mot à mot *à avoir.*

When they arrived at the party, Leopard told her cousins that they should put the parcels in the pot unopened. She did not want Goat, who was there, to see[1] that her own children were being put into the pot. Guinea Fowl, though[2], realised the danger that they were in[3], and she whispered[4] to Goat and Wild Cat that they should[5] all run away before the parcels were taken out of the pot.

Later, when Leopard took out the parcels and opened them, she saw that her own children were inside and had been cooked[6]. This made her cry out[7] in anger and run back to their place by the hills, so that she might catch[8] Goat and her children and punish them. But they had left by the time she got there, and that is why even to this day[9] we see leopards searching for[10] goats.

---

1. **to see (saw, seen)** : notez l'emploi de la proposition infinitive après **to want** ; cf. **I want you to do it,** *je veux que tu le fasse / vous le fassiez.*

2. **though** : *cependant, toutefois.*

3. notez le rejet de la préposition après le verbe ; le sens serait le même avec **She realised the danger in which they were.**

4. **to whisper** : *chuchoter, murmurer, parler à voix basse.* **A whisper** : *un chuchotement, un murmure, un bruissement.*

5. **they should** : *ils devraient.* Il n'y a pas en anglais d'équivalent direct du français *falloir.* Ex. : *il faut venir*, **you should come, you must come, you have to come.**

28

Quand elles arrivèrent à la fête, Madame Léopard dit à ses cousines qu'il fallait mettre les paquets dans la marmite sans les ouvrir. Elle ne voulait pas que Madame Chèvre, qui était là, voie ses enfants mis dans la marmite. Pintade, elle, cependant, réalisa le danger qui les menaçait et murmura aux oreilles de Madame Chèvre et de Chatte sauvage qu'il fallait tous partir en courant avant que les paquets ne soient retirés de la marmite.

Plus tard, quand Madame Léopard sortit les paquets et les ouvrit, elle vit que ses propres enfants étaient à l'intérieur et avaient été cuits. Cela la fit hurler de rage et détaler jusqu'à leur demeure près des collines, afin de rattraper Madame Chèvre et ses enfants et de les punir. Mais ils étaient partis le temps qu'elle arrive, et c'est pourquoi aujourd'hui encore on voit les léopards poursuivre les chèvres.

---

6. **to cook** : *faire cuire, cuisiner*; *cuire*. **A good cook**, *un(e) bon(ne) cuisinier(ère)*.

7. **to cry out** : **to cry** peut signifier *crier* ou *pleurer*. **To cry out** ne peut signifier que *pousser un cri, s'écrier*.

8. **so that...** : mot à mot : *afin qu'elle puisse attraper.*

9. **to this day** : *jusqu'à ce jour, jusqu'à aujourd'hui.*

10. **to search for** : *chercher, rechercher, essayer de retrouver, de localiser.*

A Girl Who Lived In a Cave[1]

La jeune fille qui vivait dans une caverne

---

1. **Cave** : *grotte* ou *caverne.*

A girl who only had one brother liked the place where she and her parents lived. There was a river nearby, where she could draw[1] water, and the family's cattle enjoyed[2] the sweet[3] grass which grew[4] by the riverside. The huts were shaded[5] from the hot sun by the broad leaves of the trees, and at night there was a soft breeze from the hills, which kept them cool. Passers-by[6], who called in[7] to drink water from the family's calabashes, would say how much they envied that quiet place, and how their own places were so much drier and dustier[8].

Then a terrible thing happened, which spoiled[9] the happiness of the family. The girl had gone to fetch water from the river and was walking back[10] to her hut with a large calabash on her head. Suddenly she began to feel that she was being followed[11]. At first she did nothing, but then, when the feeling became quite strong, she turned round and looked behind her. There was nothing to be seen, although the tall grass moved and there was a faint[12] sound, rather like that which a creature makes when it scurries[13] through a bush.

The girl continued on her way. After she had taken a few more steps she again heard a noise. This time she swung round[14] more sharply[15], dropping the calabash to the ground. There was a man behind her, crouching down, half in the grass, half out of it.

The girl was frightened[16] by the sight of the man, but she tried not to show her fear. He smiled at her, and rose to his feet[17].

---

1. **to draw (drew, drawn)** : a. *tirer* ; *attirer* ; b. *dessiner* ; **a drawing**, *un dessin*.

2. **to enjoy** : *aimer, apprécier, prendre plaisir à*. Le verbe qui suit se met à la forme en –**ing** : **to enjoy doing something**, *prendre plaisir à faire quelque chose*.

3. **sweet** : *doux ; gentil ; sucré*.

4. **to grow (grew, grown)** : a. *pousser, cultiver* ; b. *devenir*, **to grow old**, *vieillir*.

5. **to shade** : *donner de l'ombre, abriter de la lumière*. **Shade**, l'*ombre* (du point de vue de la fraîcheur).

6. **passers-by** : les mots composés formés d'un verbe et d'une postposition portent la marque du pluriel sur le nom. Dans les noms composés formés d'un verbe + une postposition, le **s** du pluriel est ajouté à la postposition : **lay-offs**, *licenciements*.

7. **to call in** : *passer voir quelqu'un, passer chez quelqu'un*.

8. mot à mot : *d'autant plus sèches et poussiéreuses*.

Une jeune fille qui n'avait qu'un frère aimait beaucoup l'endroit où elle vivait avec ses parents. Il y avait une rivière tout près, d'où elle pouvait tirer de l'eau, et le bétail de la famille appréciait l'herbe tendre qui poussait le long des rives. Les cases étaient protégées du soleil par les larges feuilles des arbres, et, la nuit une douce brise soufflait depuis les collines et les rafraîchissait. Les passants, qui s'arrêtaient pour boire de l'eau dans les calebasses de la famille disaient combien ils enviaient cet endroit tranquille, et combien leurs propres maisons leur en paraissaient sèches et poussiéreuses.

Un jour, il arriva une chose terrible, qui détruisit le bonheur de la famille. La jeune fille était allée chercher de l'eau à la rivière et revenait à la case avec une grande calebasse sur la tête. Soudain elle eut le sentiment qu'elle était suivie. Au début, elle ne réagit pas, mais ensuite, lorsque l'impression se renforça, elle se retourna pour regarder derrière elle. Il n'y avait rien à voir, à part ces hautes herbes qui bougeaient, mais elle entendit un son étouffé, un peu comme celui produit par une créature qui détale dans un buisson.

La jeune fille continua sa route. Quelques pas plus tard elle entendit de nouveau un bruit. Cette fois-ci elle se retourna plus brusquement, faisant tomber la calebasse par terre. Il y avait un homme derrière elle, accroupi, une moitié du corps enfoui dans l'herbe, l'autre moitié en émergeant.

La jeune fille fut effrayée à la vue de cet homme, mais elle essaya de ne pas montrer sa peur. Il sourit et se mit debout.

---

9. **to spoil** (**spoilt, spoilt**) : a. *gâcher, abîmer* ; b. *gâter* (un enfant, etc.).

10. **walking back** : la postposition **back** donne l'idée principale du mouvement, le verbe indique la manière (*en marchant*) ; cf. **to drive back**, *revenir* (en voiture), etc.

11. mot à mot : *elle était en train d'être suivie, on était en train de la suivre.*

12. **faint** : *léger, vague, faible.*

13. **to scurry** : *filer, se précipiter* ; souvent renforcé par **off** ou **away** = *détaler.*

14. **to swing** (**swung, swung**) **round** : l'idée principale est donnée par **round** (*se retourner*), le verbe indiquant la soudaineté et la rapidité du mouvement ; **to swing,** *osciller, balancer, se balancer.*

15. **sharply** : *nettement, vivement, brusquement.* Formé sur l'adjectif **sharp** : *vif, net, coupant, pointu, aiguisé* ; (esprit) *vif, pénétrant, malin.*

16. **to frighten** : verbe formé sur le nom **fright**, *frayeur, peur.*

17. **to rise** (**rose, risen**) : *se lever.*

"You must not be afraid of me," he said. "I am just walking in the grass."

The girl could not understand why a man should wish[1] to walk in the grass, but she did not say anything. The man came up to her and reached out[2] to touch her.

"You are a nice, fat girl," he said.

The girl was now very nervous and moved away from the man's touch.

"My father's place[3] is just there," she said. "I can see the smoke from his fire."

The man looked in the direction of the huts.

"If that is so," he said, "I can walk with you to your father's place, where I can eat some food."

The girl walked ahead[4] of the man and soon they came to the circle of huts under the trees. There the stranger[5] waited at the gate[6] while the girl went in to tell[7] her father that there was a man who wished to eat some food. The father came out, called to the man, and invited him to sit on some stone under one of the trees. Food was made by the girl's mother and given to the man. He took it, and put it all into his mouth in one piece. Then he swallowed, and all the food was gone. The girl had not seen a man eat in this way before and wondered[8] why he should be so hungry[9].

After the man had eaten, he got up and said goodbye to the father. He looked around him before he left, as if he was trying to remember what the family looked like and what they owned[10].

---

1. **should wish** : mot à mot *souhaiterait*.

2. **to reach out** : **out** indique le mouvement ver l'extérieur. **To reach** : *atteindre*; (conclusion, etc.) *arriver à*.

3. **place** : souvent utilisé comme équivalent de **home**, *maison, habitation, chez-soi*.

4. **ahead** : **a.** *en avant, devant*; **b.** (temps, date) *en avance*.

5. **stranger** : *étranger*, au sens de personne qui vient d'un autre lieu; à distinguer de **foreigner**, *étranger* au sens de *citoyen d'un autre pays*.

6. **gate** : *porte, portail, portillon, barrière, entrée*; (sport, etc.) **gate receipts / money**, *montant des entrées*.

« Il ne faut pas avoir peur de moi, dit-il. Je ne fais que marcher dans l'herbe. »

La jeune fille ne comprenait pas ce qui poussait un homme à marcher dans l'herbe, mais elle ne dit rien. L'homme vint à sa hauteur et tendit le bras pour la toucher.

« Vous êtes une jolie fille bien grasse », dit-il.

La jeune fille était devenue très nerveuse et recula pour éviter d'être touchée par l'homme.

« Mon père habite juste là, dit-elle. Je vois la fumée de son feu. »

L'homme regarda en direction des cases.

« Si c'est ainsi, dit-il, je peux t'accompagner jusqu'à la case de ton père et y manger un peu de nourriture. »

La jeune fille reprit sa marche, suivie par l'homme, et ils atteignirent bientôt le cercle des cases sous les arbres. Là, l'étranger attendit à l'entrée tandis que la jeune fille allait dire à son père qu'il y avait un homme qui voulait un peu de nourriture. Le père sortit, appela l'homme et l'invita à s'asseoir sur une pierre sous un des arbres. De la nourriture fut préparée par la mère de la jeune fille et offerte à l'homme. Il la prit, et s'en emplit la bouche d'un seul coup. Puis il l'avala, et toute la nourriture disparut. C'était la première fois que la jeune fille voyait un homme manger ainsi et elle se demanda pourquoi il avait si faim.

Après avoir mangé, l'homme se leva et dit au revoir au père. Il regarda autour de lui avant de partir, comme s'il voulait inscrire dans sa mémoire le souvenir de cette famille et de ce qu'elle possédait.

---

7. **went to tell** : mot à mot, *entra pour dire*.

8. **to wonder** : **a.** *se demander ; penser, songer* ; **b.** *s'émerveiller.* **to wonder at something**, *s'étonner de quelque chose* ; **wonder** (nom) : **a.** *émerveillement, admiration* ; *étonnement* ; **b.** *miracle, prodige.* **Wonderful**, *merveilleux, extraordinaire.*

9. mot à mot : *pourquoi il devrait être si affamé, pourquoi il serait si affamé.*

10. mot à mot : *comme s'il essayait de se souvenir* (= de mémoriser) *à quoi ressemblait la famille et ce qu'ils possédaient.* **Family** est considéré ici comme un collectif pluriel (d'où **they**).

Then he walked off[1] and was soon obscured by the tall grass that grew in that part[2].

The girl went to stand[3] by her father's side.

"That was a very wicked man," said the father. "I am very sorry that he visited this place."

"I am sure he will not come back," the girl said. "He was going somewhere else when I met him."

The father shook[4] his head sadly.

"Now that he is here," he said "we shall have to leave. I shall tell your brother to collect[5] his sleeping mat[6] and get ready for us to go to some other place."

The girl could not believe that the family would be leaving the place where they had lived for so long[7] and of which she felt so fond[8]. She tried to persuade her father to stay, but he was convinced that they were in great danger by staying where they were.

"It is better to move[9] now," he said, "than to regret it later."

The girl wept, but her tears were ignored by her father[10]. Soon he had all the family's possessions[11] loaded on his back and was calling out to the others to follow him on the path.

"I shall not come with you," the girl said defiantly[12]. "I have been happy in this place and see no reason to move."

The girl's mother pleaded with her to go, but the girl refused. Eventually[13] the father became impatient.

---

1. **He walked off** : ici encore c'est la postposition, **off**, qui indique le mouvement principal (*s'éloigner*), le verbe indiquant la manière (*en marchant*).

2. **part** : a. *partie* ; b. *coin, lieu, endroit* ; c. (cinéma, etc.) *rôle*.

3. **to stand** (**stood, stood**) : indique qu'elle *se tient debout*.

4. **to shake** (**shook, shaken**) : *secouer, ébranler* ; *trembler*. **To shake with fear**, *trembler de peur*. **To shake one's head**, *secouer, hocher la tête en signe de refus, de désaccord*.

5. **to collect** : *rassembler, recueillir, ramasser* ; (marchandise) *passer prendre* ; *collectionner* ; (argent) *percevoir, encaisser*.

6. **mat** : (petit) *tapis, carpette* ; *paillasson, natte* (pour s'asseoir, dormir).

7. Notez l'emploi du plus-que-parfait en anglais, au lieu de l'imparfait français. On retrouve dans le passé la même différence qu'entre le passé

Puis il s'éloigna et disparut bientôt parmi les herbes hautes qui poussaient en cet endroit.

La jeune fille alla se mettre à côté de son père.

« C'était un homme très méchant, dit le père. Je suis désolé qu'il ait visité ce lieu. »

« Je suis sûre qu'il ne reviendra pas, dit la jeune fille. Il allait ailleurs quand je l'ai rencontré. »

Le père secoua la tête avec tristesse.

« Maintenant qu'il est venu, dit-il, il va nous falloir partir. Je vais dire à ton frère de prendre sa natte et de se préparer pour que nous partions trouver un autre endroit. »

La jeune fille ne pouvait croire que la famille allait quitter le lieu où ils vivaient depuis si longtemps et auquel elle était si attachée. Elle essaya de convaincre son père de rester, mais il était persuadé qu'ils couraient un grand danger en restant où ils étaient.

« Il vaut mieux s'en aller maintenant, dit-il, plutôt que d'avoir des regrets plus tard. »

La jeune fille pleura, mais son père ne tint pas compte de ses larmes. Il eut tôt fait de charger sur son dos tous les biens de la famille, et appela les autres à le suivre le long du sentier.

« Je n'irai pas avec vous, se révolta la jeune fille. J'ai été heureuse ici et je ne vois aucune raison de partir. »

La mère de la jeune fille la supplia de les suivre, mais elle refusa. Son père finit par s'impatienter.

---

composé anglais et le présent français dans **where they have lived for so long**, *où ils vivent depuis si longtemps*.

8. **to be fond of** : *aimer bien, aimer beaucoup, être friand de, être attaché à.*

9. **to move** : *se déplacer, bouger, remuer, se mouvoir* ; *déménager.*

10. mot à mot : *mais ses larmes furent ignorées par son père.* (**to ignore** = *ne pas tenir compte de, faire semblant de ne pas voir*).

11. **possessions** : attention à la prononciation [pə'zeʃən]. De même pour le verbe **to possess**, *posséder*, le premier groupe **ss** se prononce [pə'zes].

12. **defiantly** [dɪ'faɪəntlɪ] : *d'un ton / air de défi, avec une attitude de défi.*

13. **eventually** : signifie *finalement*, et non pas *éventuellement*, qui se dit **possibly**.

"If you must stay," he said, "then you should at least go and live in a cave in the hillside. There is place there where there is a large rock which can be used as a door. At night you must roll that rock in behind you and let[1] nobody into the cave."

The girl agreed to this[2], as she knew[3] that nearby cave. It was comfortable and cool, and she thought she would be happy there. As the rest of the family disappeared down the path that led[4] to their new place, she took her mat and her pots[5] to the cave and set them on a ledge[6] at the back. Then, since it was beginning to get dark, she rolled the rock in the front into position. Inside the cave, it was pitch[7] black, but the girl felt safe and she slept well that first night.

The next day, the girl's brother paid her a visit to see how she was. She told him of how comfortable[8] she had been in the cave and how well she had slept.

"I am safe," she explained. "The rock blocks the mouth of the cave and I shall open it to nobody. If you come, though[9], you should sing this song and I shall know that it is you."

The girl then sang a short song, which the boy listened to[10]. He kept the words in his mind, as he planned to visit the girl that night to make sure that she was safe and that the rock was acting as a strong enough[11] door.

That evening, when he returned, it was already dark.

---

1. **to let** : **a.** *laisser* (quelqu'un faire quelque chose) ; **b.** verbe qui permet de former l'impératif : **let us go !** *Allons-y !* Dans ces deux cas, le verbe qui suit est à l'infinitif sans **to** : **let me do it !** *laissez-moi le faire !*, **let us do it !** *faisons-le !* **c.** *louer* (de propriétaire à locataire) : **House to let**, *Maison à louer* ; (*louer* de locataire à propriétaire) **to rent** (**rent, rent**), **to hire**.

2. **to agree to something** : *être d'accord avec quelque chose, accepter quelque chose.*

3. **as she knew** : mot à mot : *comme elle savait.*

4. **to lead** (**led, led**) : *conduire, mener ; être en tête, être à la tête de,* diriger.

5. **pot** : *pot, chope, marmite, casserole* ; **pots and pans**, *batterie de cuisine* (casseroles et poêles).

« Si tu dois rester, dit-il, il faut au moins que tu ailles vivre dans une caverne à flanc de colline. Il y a un endroit là-bas avec un gros rocher qui peut servir de porte. La nuit, il faudra faire rouler ce rocher derrière toi et ne laisser personne entrer dans la caverne. »

Cela convint à la jeune fille, qui connaissait cette caverne située à proximité. Elle était fraîche et confortable et elle pensait pouvoir y être heureuse. Comme la famille disparaissait le long du sentier qui menait à leur nouveau campement, elle emporta sa natte et ses jarres dans la caverne et les posa sur une saillie au fond. Puis, comme il commençait à faire nuit, elle fit rouler le rocher pour lui faire fermer l'entrée. À l'intérieur de la caverne, l'obscurité était totale, mais la jeune fille se sentait en sécurité et elle dormit bien cette première nuit.

Le jour suivant, son frère lui rendit visite pour voir comment elle allait. Elle lui dit comme elle se sentait bien dans la caverne et comme elle avait bien dormi.

« Je suis en sécurité ici, expliqua-t-elle. La roche bloque l'entrée de la caverne et je n'ouvrirai à personne. Mais si tu viens, il faudra chanter cette chanson et je saurai que c'est toi. »

La jeune fille lui chanta alors une petite chanson que le garçon écouta. Il enregistra les mots dans sa mémoire, comme il comptait rendre visite à la jeune fille ce même soir pour s'assurer qu'elle était en sécurité et que le rocher constituait une porte suffisamment solide.

Le soir, quand il revint, il faisait déjà sombre.

---

6. **ledge** : *rebord* (de fenêtre), *saillie*.

7. **pitch black** : *noir comme de la poix*.

8. **how comfortable** : mot à mot : *combien confortable*.

9. **though** : *cependant*.

10. = **to which the boy listened**. Notez le rejet de la préposition **to** à la fin de la phrase.

11. **enough**, *assez*, se place après un adjectif ou un adverbe, mais indifféremment avant ou après un nom : **to have enough money / to have money enough**, *avoir assez d'argent*.

As he approached[1] the cave, he sang the song which she had taught[2] him:

> There is a rock here and the cave is dark;
> Open the cave, my sister, and let me in.

When the girl heard this song, she knew straight away that her brother was outside. She pushed at the rock[3] and it rolled to one side. Her brother was pleased to see that the song worked[4] and that his sister was safe. He gave her the food that he had brought her and she said goodbye.

"Make sure[5] that you will roll the rock back[6] once I am outside," he said.

"I shall always remember that," his sister replied. "A girl could not live alone in a cave like this unless she had[7] a rock for protection."

The brother came the next day, and the day after that. On his third visit there was something that worried[8] him. Not far from the cave, he noticed that there were footprints on the ground and that lying[9] nearby there was a bone which had been gnawed[10]. He picked up the bone and looked at it. Whoever[11] had eaten it must have had a great appetite, for his teeth[12] had cut right into the bone to extract its goodness. The footprints were large[13], too, and the sight of them made the brother feel uneasy[14].

---

1. **to approach** : *approcher, s'approcher de*, est suivi d'un complément direct, sans préposition. Il en va de même lorsqu'il a le sens d'*aborder* : **to approach a problem**, *aborder un problème*.

2. **to teach** (**taught, taught**) : *enseigner, apprendre* (à quelqu'un).

3. **she pushed at the rock** : **at** rend compte de l'effort que fait la jeune fille.

4. **to work** : *travailler*, a souvent le sens de *fonctionner*. **It works!** *Ça marche!*

5. **make sure** : *assure-toi, veille bien (à ce que)*.

6. **to roll it back** : *le remettre en place* (**back**) *en le faisant rouler* (**roll**).

7. mot à mot : *sauf si elle avait*.

8. **to worry** : *inquiéter, tracasser, s'inquiéter, se tracasser, se faire du souci* ; **worry**, *souci*.

Il s'approcha de la caverne et chanta la chanson qu'elle lui avait appris :

> Il y a ici un rocher et la caverne est sombre ;
> Ouvre la caverne, ma sœur, et laisse-moi entrer.

Quand la jeune fille entendit cette chanson, elle sut immédiatement que son frère était à l'extérieur. Elle repoussa le rocher qui roula de côté. Son frère fut heureux de voir que la chanson jouait son rôle et que sa sœur était en sécurité. Il lui donna la nourriture qu'il lui avait apportée et puis lui dit au revoir.

« N'oublie pas de remettre le rocher en place dès que je serai sorti », dit-il.

« Je m'en souviendrai toujours, répondit sa sœur. Une jeune fille ne pourrait pas vivre toute seule dans une caverne comme celle-ci sans la protection d'un rocher. »

Son frère revint le lendemain, et le surlendemain. Lors de sa troisième visite quelque chose l'inquiéta. Non loin de la caverne il remarqua des empreintes de pas sur le sol et, tout près de là, par terre, un os qui avait été rongé. Il ramassa l'os et l'examina. Celui qui l'avait mangé devait avoir un terrible appétit car ses dents avaient mordu dans l'os pour en extraire la saveur. De plus, les empreintes étaient de grande taille, et il se sentit mal à l'aise à leur vue.

---

9. **lying** : de **to lie, lay, lain**, *être posé, allongé, étendu ; se trouver être* (immobile, par terre, posé, etc.).

10. **to gnaw** : *ronger*. Attention, le **g** n'est pas prononcé.

11. **whoever** : *qui que ce soit, quiconque* ; cf. **whatever**, *qui que ce soit* ; **wherever**, *où que ce soit* ; **whenever**, *chaque fois que*.

12. **teeth** : *les dents*, pluriel de **tooth**, *dents*.

13. **large** ne signifie pas *large*, qui se dit **broad** ou **wide**, mais *grand, gras, important*. **A large town**, *une grande ville*, **a large piece**, *un gros morceau*, **a large sum of money**, *une importante somme d'argent*.

14. mot à mot : *et leur vue fit que le frère se sentit mal à l'aise*.

He arrived at the front of the cave and began to sing his song. As he did so, he had a strange[1] feeling — as if there was somebody watching him. He turned round, but all that he saw[2] was the wind moving through the dry brown grass and a rain bird[3] circling in the sky. He finished the song, and the girl rolled back the rock to let him into the cave.

"I would like you to come and live[4] with your family again," he said to the girl. "We are sad that you are not with us."

"I am sorry too," she replied. "And yet I love this place too much to leave it. Perhaps one day my father will decide to come back here."

The boy shook his head[5]. He knew that his father would never come back now that he had found that he liked the other place to which he had gone. Soon the memory of this place would fade[6] and the family would talk[7] no more about it.

The boy ate some food with his sister and then left. As he walked away, he again felt that there was somebody watching him, but again he saw nothing but the wind and a small snake that moved like a dark arrow through the dry leaves[8] on the ground.

The man who had driven[9] the family away from that place was a cannibal. Now he had heard the boy singing his special song to his sister in the cave and he had remembered the words.

---

1. **strange** : *étrange*. Attention à la prononciation [streɪndʒ].

2. **all that he saw…** : notez la différence entre **what he saw**, *ce qu'il vit*, et **all that he saw**, *tout ce qu'il vit*.

3. **rain bird** : plusieurs espèces de volatiles censés annoncer la pluie, répondent à cette appellation.

4. **come and live** : emploi fréquent de **and** après **come** et **go** pour introduire le verbe qui suit. **Come and visit us!** *Venez nous rendre visite!* **Go and fetch the doctor!** *Allez chercher le docteur!*

5. **shook his head** : notez l'emploi du possessif **his** là où le français emploie l'article *la*; cf. **it went to his head**, *cela lui est monté à la tête*.

Il arriva à l'entrée de la caverne et se mit à chanter sa chanson. Ce faisant, il eut une impression bizarre, comme si quelqu'un l'observait. Il se retourna, mais tout ce qu'il vit fut le vent qui courait dans l'herbe sèche et brune, et un oiseau de pluie décrivant des cercles dans le ciel. Il termina la chanson, et la jeune fille repoussa le rocher pour le laisser entrer.

« J'aimerais que tu reviennes vivre avec ta famille, dit-il à la jeune fille. Cela nous attriste que tu ne sois pas avec nous. »

« Je suis triste aussi, dit-elle, mais j'aime trop cet endroit pour le quitter. Peut-être qu'un jour mon père décidera de revenir ici. »

Le garçon secoua la tête. Il savait que son père ne reviendrait jamais, maintenant qu'il avait découvert qu'il aimait le nouvel endroit où il était allé. Bientôt le souvenir d'ici s'estomperait et la famille n'en parlerait plus.

Le garçon partagea de la nourriture avec sa sœur et s'en alla. En s'éloignant, il eut de nouveau l'impression que quelqu'un l'observait, mais comme précédemment il ne vit rien que le vent et un petit serpent qui se déplaçait comme une flèche sombre parmi les feuilles sèches qui jonchaient le sol.

L'homme qui avait chassé la famille de ce lieu était un cannibale. Il avait maintenant entendu le garçon chanter sa chanson spéciale à sa sœur dans la caverne et il s'en rappelait les paroles.

---

6. **to fade** : **a.** *se décolorer, perdre son éclat* ; **b.** *s'affaiblir, décliner, s'amenuiser, baisser.*

7. **talk** : attention le **l** n'est pas prononcé [tɔːk]. De même dans **walk** [wɔːk] et **folk** [fəʊk].

8. **leaves** : pluriel irrégulier de **leaf**, *feuille.* Cf. d'autres pluriels irréguliers : **thief / thieves**, *voleur(s)* ; **half / halves**, *moitié(s)*, **calf / calves**, *veau(x)*, etc.

9. **to drive** (**drove, driven**) : *conduire, piloter, emmener en voiture* ; *pousser à* ; *enfoncer.*

Under a large tree not far away, he practiced[1] the song which the boy sang. His voice though, was too rough[2], and he realized that no girl would be fooled into[3] believing that it was the voice of her young brother.

The cannibal had a way to deal with this. He made a fire, and on the fire he put a number of stones. Then, when these stones were red hot[4], he put them in his mouth and let them lie against the part of his throat that made the sound. After a few minutes he spat[5] out the stones and tried the song again. The stones had done what he had hoped they would do and his voice was now as soft as the boy's[6].

Inside the cave, the girl had settled herself[7] to sleep on her sleeping mat when she heard her brother singing outside. It surprised her that he should come back so soon[8], but then she remembered that he had left a calabash in the cave and might be returning to collect it.

"I am coming, my brother," the girl sang out. "The rock will move back and let you in."

By the time that the mouth of the cave was half open, the girl realized that it was not her brother who was standing outside. When she saw the cannibal, her heart gave a leap of fear[9] and she struggled[10] to roll the rock back. The cannibal, though, was too quick and had seized her before she could seal off[11] the cave mouth.

---

1. **to practice / to practise** : a. *pratiquer, appliquer, employer, exercer*; b. *s'exercer, s'entraîner*.

2. **rough** [rʌf] : a. *rude, rugueux, brutal*; b. *vague, approximatif, rudimentaire*.

3. **fooled into believing** : mot à mot : *dupé, trompé jusqu'à croire*.

4. **red hot** : *chauffé au rouge*, peut aussi signifier *brûlant, ardent* (au sens figuré), *enthousiaste*.

5. **to spit (spat, spat)** : *cracher*; (feu) *crépiter*.

6. **the boy's** : cas possessif = **the boy's voice**.

Sous un grand arbre peu éloigné, il répéta la chanson qu'avait chantée le garçon. Mais sa voix était trop rauque et il réalisa qu'aucune jeune fille ne serait assez sotte pour croire que c'était la voix de son jeune frère.

Le cannibale trouva un moyen de régler ce problème. Il fit un feu, dans lequel il mit un certain nombre de pierres. Puis quand elles furent chauffées au rouge, il se les mit dans la bouche et les fit reposer contre la partie de la gorge qui produit les sons. Quelques minutes plus tard, il les recracha et reprit la chanson. Les pierres avaient accompli ce qu'il espérait d'elles et sa voix était maintenant aussi douce que celle du garçon.

À l'intérieur de la caverne, la jeune fille s'était installée pour dormir sur sa natte quand elle entendit son frère chanter à l'extérieur. Elle fut surprise de son retour si rapide, mais elle se souvint qu'il avait laissé une calebasse dans la caverne : peut-être venait-il la chercher.

« J'arrive, mon frère, chantonna-t-elle. Le rocher va glisser pour te laisser entrer. »

Quand l'entrée de la caverne fut à moitié libre, la jeune fille réalisa que ce n'était pas son frère qui se tenait à l'extérieur. Quand elle vit le cannibale, elle sursauta de terreur et elle s'efforça de remettre le rocher en place. Mais le cannibale fut trop rapide et l'avait saisie avant qu'elle puisse condamner l'entrée de la caverne.

---

7. **to settle oneself** : *s'installer*. Autres sens de **to settle** : *régler* (un problème) ; *(se) calmer, (s') apaiser, (se) dissiper ; coloniser.*

8. mot à mot : *elle fut surprise qu'il revienne si tôt.*

9. mot à mot : *son cœur eut (donna) un sursaut de terreur.* **Leap** : *bond, saut* ; **to leap (leapt, leapt)**, *bondir* : **his heart leapt**, *son cœur bondit.*

10. **to struggle** : *lutter, se battre, se débattre* ; **struggle**, *lutte* : **struggle for life**, *la lutte pour la vie.*

11. **to seal off** : *condamner, interdire l'accès (de)* ; (police) *boucler* (un secteur).

The girl screamed as the cannibal lifted[1] her off the ground and began to tie[2] her arms and legs with a rope he had with him. Then, when she was firmly tied up, he went to a place nearby and began to make a fire so that he could cook the girl and eat her. As he made the fire, he sang a special song, of the sort that cannibals sing[3], in which he told of how a poor hungry cannibal had found a fat girl in a cave.

The girl wept with sorrow[4] at the thought of what had happened to her. She wept for her father and mother, whom[5] she would never see again, and she wept for her stupidity in trying to stay in so dangerous a place[6]. Through her tears, she sang a sad song, about how a girl who lived in a cave was captured by a wicked[7] cannibal.

The boy had felt so uneasy on his way home that he had come back to the cave. Now he was hiding in the grass, listening to the sad song of his sister. When he saw the cannibal bending over his fire, the boy rushed[8] forward and pushed him into the flames. The many skins which the cannibal was wearing[9] soon caught fire[10] and he ran wildly[11] away, letting out strange cries as he ran.

The boy untied his sister and then led her back to their father's new place. That night, the girl told her father of what had happened.

---

1. **to lift** : *lever, soulever*; **to lift a ban**, *lever une interdiction*. **The fog began to lift**, *le brouillard commença à se dissiper*. **A lift**, *un ascenseur* (US : **elevator**). **To give somebody a lift**, *déposer quelqu'un en voiture, prendre quelqu'un en voiture*.

2. **to tie** : *attacher, lier, nouer; relier*; (sport) *faire match nul*; (élection) *être à égalité*.

3. Notez avec quelle feinte innocence l'auteur raconte les faits, comme s'ils étaient tout naturels.

4. **wept with sorrow** : emploi fréquent de **with** dans ce sens. **To cry with joy**, *crier de joie*; **to be sick with fear**, *être malade de peur*; **to be shaking with rage**, *trembler de rage*.

La jeune fille poussa un cri perçant alors que le cannibale la soulevait du sol et commençait à lui lier les bras et les jambes avec une corde qu'il avait sur lui. Puis, quand elle fut fermement attachée, il gagna un endroit proche et commença à y construire un feu pour faire cuire la jeune fille et la manger. Tout en faisant le feu, il chantait une chanson spéciale, du genre de celles que chantent les cannibales, dans laquelle il disait comment un pauvre cannibale affamé avait trouvé une jeune fille bien grasse dans une caverne.

La jeune fille pleurait de chagrin à l'idée de ce qui lui était arrivé. Elle pleurait en pensant à son père et à sa mère, qu'elle ne reverrait jamais, et elle pleurait en pensant à sa stupidité d'avoir voulu rester en un lieu aussi dangereux. À travers ses larmes, elle chantait une triste chanson, qui racontait comment une jeune fille qui vivait dans une caverne avait été capturée par un méchant cannibale.

Le garçon s'était senti si inquiet en rentrant chez lui qu'il était revenu à la caverne. Il était maintenant caché dans les herbes à écouter la triste chanson de sa sœur. Quand il vit le cannibale se pencher au-dessus du feu, le garçon bondit en avant et le précipita dans les flammes. Les nombreuses peaux dont le cannibale était vêtu prirent rapidement feu et il s'enfuit en courant comme un fou, en poussant d'étranges cris dans sa course.

Le garçon détacha sa sœur et la conduisit au nouveau campement de leur père. Cette nuit-là, la jeune fille raconta à son père ce qui s'était passé.

---

5. **whom** : forme complément de **who**.

6. **in so dangerous a place** = **in such a dangerous place**. Notez la position différente de l'article indéfini **a**.

7. **wicked** : prononcé en deux syllabes ['wɪkɪd].

8. **to rush** : *se ruer, se précipiter ; se presser.*

9. **to wear (wore, worn)** : **a.** *porter* (vêtement) ; **b.** *user, s'user.* **To wear well**, *bien résister à l'usure.*

10. **to catch (caught, caught) fire** : *s'enflammer, prendre feu.*

11. **wildly** : *frénétiquement, furieusement, violemment, de façon extravagante.*

He was worried at the thought of the narrow escape[1] that she had had, but he was relieved[2] that she was now safe. He was glad, too, to hear that the cannibal had run away, as this meant[3] that the family could now return to that place where they had been so happy, and where the girl knew they would be happy once again.

---

1. **to have a narrow escape** : *s'en tirer de justesse* (**narrow** = *étroit*), *l'échapper belle.*

2. **to relieve** : **a.** *soulager, venir en aide* ; **b.** *diminuer, dissiper, tranquilliser* ; **to relieve someone's fears,** *rassurer quelqu'un.* **Relief** : **a.** *soulagement* ; **b.** *secours.* **Tax relief,** *dégrèvement / exonération fiscal(e).*

3. **to mean** (**meant, meant** [ment]) : **a.** *signifier, vouloir dire* ; **b.** *avoir l'intention de, compter* (faire quelque chose).

Il était désolé à l'idée qu'elle ne s'en était tirée que d'extrême justesse, mais il était soulagé de la savoir maintenant hors de danger. Il fut également heureux d'apprendre que le cannibale s'était enfui, car cela signifiait que la famille pouvait maintenant retourner en ce lieu où ils avaient été si heureux, et où la jeune fille savait qu'ils seraient de nouveau heureux.

Hare Fools The Baboons

Un Lièvre dupe les babouins

A clever hare realized[1] that the lion was always welcomed by the other animals. This was not because the other animals[2] liked the lion; it was because they were all afraid of him. If the lion came to another animal's[3] house then it was wisest[4] to give him a lot of food. If the hare ever went to another animal's house then he was more likely to be told[5] to go away.

"This is unfair," the hare said to himself. "I could do with[6] the food that everybody gives the lion."

Calling on[7] the lion one day, the hare told him that he was very skilled[8] at getting lice[9] out of lion tails.

"I can tell[10] that you have lice in your tail," the hare said. "Can you not feel them itching?"

The lion thought for a moment. Now that the hare had mentioned it, he was sure that he could feel an itching in his tail.

"Remove the lice from my tail," he roared at[11] the hare. "Do it now!".

The hare smiled and said that he would set to work straight away. Quickly he went to the back of the lion and laid out[12] his great tail on the floor. Then, taking a handful of long nails from a bag that he had with him, he hammered[13] a nail through the lion's tail and into the floor.

The lion called out in pain and told the hare to be more careful.

"I'm sorry," said the hare. "These are very large lice.

---

1. **to realize** : *réaliser, prendre conscience, comprendre, se rendre compte.*

2. **the other animals** : la répétition des mêmes mots donne au récit la simplicité et la naïveté voulues par l'auteur. Cet effet est plus facile à réaliser en anglais, où la répétition n'est pas un défaut de style, alors qu'elle est considérée comme telle en français.

3. **another animal's house** : mot à mot : *la maison d'autre animal.*

4. **it was wisest** : malgré l'absence de **the**, il s'agit bien d'un superlatif, car c'est la solution la plus sage de toutes.

5. **to be told to go away** : *s'entendre dire de s'en aller.* Voix passive, comme dans **I've been told that**... *On m'a dit que...*

Un lièvre rusé constata que le lion était toujours bien reçu par les autres animaux. Ce n'était pas parce que ces derniers aimaient le lion ; c'était parce qu'ils avaient tous peur de lui. Si le lion se présentait chez un autre animal, le plus sage était alors de lui offrir une nourriture abondante. Si jamais le lièvre allait chez un autre animal, il était plus probable qu'on lui dise de s'en aller.

« Ce n'est pas juste, se disait le lièvre. Je saurais quoi faire avec la nourriture que tout le monde donne au lion. »

Rendant un jour visite au lion, le lièvre lui dit qu'il était très habile pour enlever les poux de la queue des lions.

« Je suis sûr que vous avez des poux dans la queue, dit le lièvre. Est-ce que vous ne sentez pas que ça vous démange ? »

Le lion réfléchit un instant. Maintenant que le lièvre l'avait mentionné, il était sûr de sentir une démangeaison dans sa queue.

« Retire les poux de ma queue, rugit-il. Fais-le maintenant. »

Le lièvre sourit et dit qu'il allait se mettre immédiatement au travail. Il passa rapidement derrière le lion et étala sa grande queue sur le sol. Puis, prenant une poignée de longs clous dans un sac qu'il portait sur lui, il enfonça l'un d'eux dans la queue du lion pour la fixer au sol.

Le lion poussa un cri de douleur et dit au lièvre de faire davantage attention.

« Je suis désolé, dit le lièvre. Ce sont de très gros poux.

6. **to do with** : cf. **I could do with a beer**, *je prendrais bien une bière*. Contraire : **to do without**, *se passer de*.

7. **to call on someone** : *rendre visite à quelqu'un*. Ne pas confondre avec **to call someone (on the phone)**, *téléphoner à quelqu'un*.

8. **skilled** : *adroit*. De **skill**, *adresse* ; *spécialité*.

9. **lice** [laɪs] : pluriel de **louse**, *pou*.

10. **I can tell** : *je peux dire*, et aussi *je sais reconnaître*.

11. **at** : indique souvent l'hostilité, l'agacement. **To shout at someone**, *crier après quelqu'un*.

12. **to lay (laid, laid)** : *poser* et aussi *pondre* ; **to lay eggs**, *pondre des œufs*.

13. **to hammer** : *marteler, enfoncer avec un marteau*.

They are angry that I am catching them and that is why they are biting[1] you so hard. You'll just have to put up with[2] it until I'm finished."

The lion grunted and lay still while the hare pretended to search for another louse. When he was ready, he took out another long nail and quickly hammered it through the lion's tail. This time the lion roared even louder.

"That was a very large louse," the hare said. "But don't worry, I have taken him off."

"How many more are there?" asked the lion, his eyes[3] watering[4] with pain.

"Three," replied the hare. "And all of them seem to be very large."

Each of the last three lice seemed more and more painful to the lion, and he howled more loudly each time the hare drove[5] another nail into the floor. Finally the hare was finished and he came round to face the lion. Looking him directly in the eye – in a way in which no other animal would dare – the hare calmly[6] walked[7] over to the place where the lion kept his food and began to help himself.

The lion was so astonished at the hare's cheek that at first he did nothing. Then, roaring with rage, he tried to leap[8] to his feet, only to be wrenched back painfully[9] by his nailed tail.

"Release me at once!" he roared at the hare. But the other just laughed, and ate more of the lion's food[10]. Then, when he had eaten enough[11], he sauntered[12] over to another part of the lion's house and found a large knife[13].

---

1. **to bite** (**bit**, **bitten**) : *mordre*, signifie aussi *piquer* (pour un insecte).

2. **to put up with something / someone** : *supporter, tolérer quelque chose / quelqu'un.*

3. **his eyes** : notez le possessif. Cf. **They had their hands in their pockets**, *ils avaient* les *mains dans les poches.*

4. **to water** : **a.** *arroser* ; **b.** *s'embuer, être humide* (yeux), *larmoyer.*

5. **to drive** (**drove**, **driven**) : **a.** *conduire* ; **b.** *enfoncer.*

6. **calmly** : attention à la prononciation, le **l** de **calm** n'est pas prononcé [kɑːm].

7. **to walk** : *marcher*. Attention à la prononciation, le **l** n'est pas prononcé [wɔːk].

Ils sont furieux que je les attrape et c'est pourquoi ils vous mordent si fort. Il va falloir le supporter jusqu'à ce que j'aie fini. »

Le lion poussa un grognement et se tint tranquille pendant que le lièvre faisait semblant de chercher un autre pou. Quand il fut prêt, il prit un autre de ses longs clous et l'enfonça d'un coup dans la queue du lion. Cette fois, le lion rugit encore plus fort.

« C'était un très gros pou, dit le lièvre. Mais ne vous inquiétez pas, je l'ai enlevé. »

« Combien en reste-t-il ? » demanda le lion, les yeux emplis de larmes de douleur.

« Trois, répliqua le lièvre. Et tous semblent très gros. »

Chacun des trois derniers poux sembla de plus en plus douloureux au lion, et il hurla plus fort chaque fois que le lièvre enfonçait un nouveau clou. Le lièvre termina enfin, et revint faire face au lion. Le regardant droit dans les yeux, ce qu'aucun autre animal n'aurait osé faire, il se dirigea tranquillement vers l'endroit où le lion gardait sa nourriture et commença à se servir.

Le lion était si estomaqué de l'audace du lièvre qu'il ne réagit pas tout de suite. Puis, rugissant de rage, il essaya de se dresser sur ses pattes, mais sa queue clouée au sol le fit retomber douloureusement.

« Libère-moi tout de suite ! » rugit-il. Mais le lièvre ne fit qu'en rire et continua à dévorer la nourriture du lion. Puis, quand il fut repu, il visita nonchalamment une autre partie de la maison du lion et trouva un grand couteau.

---

8. **to leap** [liːp] (**leapt**, **leapt** [lept], ou **leaped**, **leaped** : *sauter, bondir, jaillir.*

9. Mot à mot : *seulement pour être ramené au sol douloureusement par sa queue clouée.*

10. Mot à mot : *mangea davantage de la nourriture de lion.*

11. Mot à mot : *quand il eut mangé suffisamment.*

12. **to saunter** : *flâner, aller d'un pas nonchalant, faire une petite promenade.*

13. **knife** [naɪf], pluriel **knives** [naɪvz]. À l'initiale, le **k** n'est pas prononcé devant **n** : **to knock**, *frapper* ; **knot**, *nœud* ; **to knit**, *tricoter* ; **to know**, etc.

The lion watched him suspiciously, and tried to swipe at him[1] with his claws, but he could barely move now and it was easy for Hare to get round[2] him. Deftly[3] waving[4] his knife, Hare splits the lion's skin from one end to the other and pushed him out of it[6]. Once he was out of his skin, Lion was just a weak[7] jelly, with no claws and no teeth. Hare pushed him aside and straight away began to free the tail of the now empty lion skin. Once he had finished this task, he slipped into the skin and bounded out of the house.

The baboons were frightened when they saw what they thought[8] was the lion. Carefully they laid out[9] a great deal of food so that the lion would eat it and not bother[10] them. Inside the lion skin, the hare smiled to himself and cheerfully began to eat the food. When he had finished, he lay out[11] on the ground and relaxed[12] his lion claws. It would be pleasant to sleep in comfort in that place and wait for the baboons to bring him more food in the evening.

The next day, since the hare was eating so much food, the baboons had to travel far afield[13] to find food for their store caves[14]. The hare staid put[15], and when his hosts had gone he slipped out of the lion skin to play with the baboon children. They enjoyed their games[16], with the hare chasing them in circles and the baboon children trying to catch him by his ears.

---

1. **to swipe** : *frapper* ou *essayer de frapper* (à la volée) ; *donner une gifle.* **At** indique ici qu'il s'agit d'une tentative.

2. **to get round** : *contourner.*

3. **deftly** : *adroitement, habilement, prestement.*

4. **to wave** : *agiter* ; *faire aller et venir* ; *faire signe de la main* ; *onduler.*

5. **to split** (**split**, **split**) : *fendre* ; *déchirer* ; *partager, diviser, fractionner.* **In a split second**, *en moins d'une seconde, en un rien de temps.*

6. Mot à mot : *et le poussa en dehors de celle-ci.*

7. **weak** : *faible* ; cf. **weakness**, *faiblesse* ; **to weaken**, *(s')affaiblir.*

8. **thought** : de **to think** (**thought**, **thought**), mot à mot : *ce qu'ils pensaient être le lion.*

Le lion le suivit des yeux avec un regard soupçonneux, et essaya de l'atteindre avec ses griffes, mais il ne pouvait presque plus bouger, et ce fut facile pour le lièvre de passer au large. En maniant habilement son couteau le lièvre fendit la peau du lion de bout en bout et en retira l'animal. Hors de sa peau, le lion n'était plus qu'une pauvre gélatine, sans griffes ni crocs. Le lièvre le poussa dans un coin et commença immédiatement à libérer la queue de la peau qui était maintenant vide. Cette tâche une fois terminée, il se glissa dans la peau et bondit hors de la maison.

Les babouins furent terrorisés quand ils virent ce qu'ils prenaient pour le lion. Ils disposèrent avec soin une grande quantité de nourriture pour que le lion la dévore et ne s'en prenne pas à eux. À l'intérieur de la peau du lion, le livère rit sous cape et commença à manger joyeusement la nourriture. Quand il eut terminé, il s'allongea sur le sol et rentra ses griffes de lion. Ce serait agréable de sommeiller confortablement en cet endroit et d'attendre que les babouins lui rapportent de nouveau de la nourriture dans la soirée.

Le jour suivant, comme le lièvre mangeait de telles quantités de nourriture, les babouins durent aller fort loin pour renouveler leurs provisions. Le lièvre resta sur place, et après le départ de ses hôtes, il se glissa hors de la peau du lion pour jouer avec les petits des babouins. Ils s'amusèrent bien, le lièvre les poursuivant en cercles, et les petits babouins essayant de l'attraper par les oreilles.

---

9. **laid out** : de **to lay** (**laid**, **laid**), *poser, étendre, coucher* ; signifie aussi *pondre*, **to lay eggs**, *pondre des œufs*.

10. **to bother** : *ennuyer, embêter, tracasser, tourmenter*. **Stop bothering me !** *Laissez-moi tranquille !*

11. **lay out** : de **to lie** (**lay**, **lain**) : *être étendu, être couché.*

12. **to relax** : *(se) détendre, (se) relâcher.*

13. **to travel far afield** : *voyager loin*. Formé sur **field**, *champ, campagne.*

14. Mot à mot : *pour leurs grottes à réserve.*

15. **to stay put** : *ne pas bouger, rester à sa place, rester en place.*

16. Mot à mot : *ils prenaient plaisir à leurs jeux.*

Just before the baboon parents came back, however, Hare got into the lion skin and was a lion again[1]. The baboons had found a great deal of food but he managed[2] to eat up most of it and told them that they would have to go out again the next day to find more.

That night[3], the baboon children told their parents that the lion was not really a lion but a hare dressed up[4] as one. The parents did not believe them, and warned[5] them not to say such things[6]. One baboon, though, was suspicious, and he decided to hide the next day and see what really happened when the adult baboons had gone in search of food.

Of course the head had slipped out of his skin again and enjoyed mores games[7] with the baboon children. This was watched from a bush by the hidden baboon, whose eyes glowed with anger as he saw the deception[8] which he and his friends had suffered at the hands[9] of the wily[10] hare.

"That lion is not a lion," he whispered to the others when they returned. "The children were telling the truth[11] – he really is a hare."

"I see," said the leader of the baboons. "We shall have to drive him away."

Taking a large stick, the head baboon went up to the sleeping lion and hit him firmly on the nose[12]. This woke up the hare, who felt the sharp blow to his nose[13] and howled with pain.

"That is not the sort of noise that a lion makes[14]," said the baboon.

---

1. Mot à mot : *fut de nouveau un lion.*

2. **to manage** : **a.** *gérer, mener, diriger* ; **b. to manage** (**to** + verbe) ; *réussir à, se débrouiller.*

3. **That night**, comme **tonight,** peut désigner la soirée aussi bien que la nuit.

4. **dressed up** : **to dress**, *habiller, s'habiller* ; **to dress up**, *s'endimancher* se *costumer, se déguiser.*

5. **to warn** : *prévenir, avertir, alerter, mettre en garde.*

6. Mot à mot : *de ne pas dire de telles choses.*

7. Mot à mot : *prit plaisir à davantage de jeux.*

Mais juste avant le retour des parents babouins le lièvre se réintroduisit de nouveau dans la peau du lion. Les babouins avaient trouvé une grande quantité de nourriture, mais il réussit à en manger la plus grande partie et leur dit qu'il leur faudrait repartir le lendemain pour en ramener encore.

Ce soir-là, les enfants babouins dirent à leurs parents que le lion n'était pas un vrai lion, mais un lièvre déguisé en lion. Les parents ne les crurent pas et leur intimèrent de ne pas raconter de telles bêtises. Pourtant un babouin eut des soupçons et décida de se cacher le jour suivant pour voir ce qui se passait vraiment quand les babouins adultes étaient partis chercher de la nourriture.

Naturellement, le lièvre sortit de sa peau de lion et s'amusa de nouveau à jouer avec les enfants babouins. Ce qui fut observé depuis un buisson par le babouin qui s'y était caché, et dont les yeux brillèrent de colère quand il comprit la supercherie dont lui et ses amis avaient été victimes de la part de ce roublard de lièvre.

« Ce lion n'est pas un lion, se chuchotèrent les babouins à leur retour Les enfants avaient raison : en fait c'est un lièvre. »

« Je vois, dit le chef des babouins. Il va falloir le chasser. »

Saisissant un gros bâton, le chef des babouins alla jusqu'au lion endormi et le frappa violemment sur le mufle. Ceci réveilla le lièvre, qui hurla de douleur sous la violence du coup.

« Ce n'est pas le genre de cri que pousse un lion », dit le babouin.

---

8. **deception** : faux ami qui signifie *tromperie, duperie* ; cf. **to deceive**, *tromper* ; **deceptive**, *trompeur*. *Déception* et *décevoir* se disent **disappointment** et **to disappoint**.

9. **at the hands of** : *aux mains de, entre les mains de*.

10. **wily** : *malin, roublard, rusé, astucieux*.

11. Mot à mot : *disaient la vérité*.

12. Mot à mot : *le frappa fermement sur le nez*.

13. Mot à mot : *qui ressentit le coup violent sur son nez*. L'emploi et la répétition du mot **nose** contribuent à l'effet de naïveté visé par l'auteur.

14. Mot à mot : *Ce n'est pas le genre de bruit que fait un lion*.

And with that he beat the hare again, putting all his strength into the strokes. Had the lion been a real lion, of course, that would have been the end of that baboon, but it was really only a hare and a frightened hare at that[1]. Leaping out of the skin, he ran off[2] into the bush[3], to be pursued by the angry shouts of the baboons.

The baboons took the empty lion skin back to the real lion, who was still[4] just a weak pink thing without his claws and mane. He was grateful to be able to get into his skin, and promised[5] that he would not trouble[6] those baboons again. This made the baboons happy, and they decided that although[7] they still felt angry at the way the hare had tricked them out of food[8], some good had come out of it and they would forgive him after all.

---

1. **at that** : *en plus, en outre, d'ailleurs.*

2. **he ran off** : *il s'enfuit en courant.*

3. **bush** : *buisson*, peut aussi désigner une étendue recouverte de buissons, ou la *brousse*, le *maquis*.

4. **was still** : *était encore.*

5. **to promise** : attention à la prononciation ['prɒmɪs], le **i** se prononce [ɪ] et non pas [aɪ].

Et sur ces mots il se remit à battre le lièvre, en mettant toute sa force dans ses coups. Si le lion avait été un vrai lion, bien sûr, c'en aurait été fini du babouin, mais ce n'était en fait qu'un lièvre, et de plus un lièvre effrayé. Bondissant hors de la peau, il se précipita dans les buissons, poursuivi par les cris de colère des babouins.

Les babouins rapportèrent sa peau vide au vrai lion, qui n'était toujours qu'une pauvre masse rose sans griffes ni crinière. Il leur fut reconnaissant de pouvoir rentrer dans sa peau, et promit qu'il n'embêterait plus ces babouins. Ceci réjouit les babouins, et ils se dirent que même s'ils étaient encore furieux de la façon dont le lièvre leur avait extorqué de la nourriture, il en était résulté une bonne chose, et qu'ils lui pardonneraient donc finalement.

---

6. **to trouble** : *inquiéter, troubler* ; *déranger*. **May I trouble you for the salt ?** *Puis-je vous demander le sel ?*

7. Mot à mot : *ils décideront que bien que...*

8. **had tricked them out of food** : *leur avait pris de la nourriture par ruse.* **To trick**, *rouler, tromper, duper, extorquer.* **A trick**, *une ruse, une astuce, un truc.*

Pumpkin

Le potiron

A family who lived near a river[1] had good fields. Because they were near the river, there was never any shortage[2] of water, even when other parts of the country were dry and dusty[3]. There was no father in this family – he had gone off to a town and had never come back – and so the mother lived with her five sons and with her own mother and father. Although she sometimes wished that her husband would return[4], she knew that this would never happen, and so she reminded[5] herself of her good fortune[6] in having such good fields and such brave sons[7] to look after her.

This family ate nothing but[8] pumpkins. From the time when they had first come to that place[9], they had known that the ground was good for pumpkins. If you planted pumpkins seeds[10] there, in a few months there would be[11] large plants growing across the ground and, a few months after that, there would be great[12] yellow pumpkins ripening in the sun. These pumpkins tasted[13] very good. Their flesh was firm and sweet and would fill[14] even the hungriest stomach. As the boys grew up, the woman saw[15] that pumpkins was undoubtedly the best sort of food for a boy, as her sons were strong and took great pleasure in helping their mother in the fields.

Soon this family was known throughout[16] that part of the country for their good pumpkins. People would walk from a great distance to buy spare[17] pumpkins, and later they would tell their friends how delicious these pumpkins were.

---

1. **river** : rappel : le mot anglais peut signifier *rivière* ou *fleuve*.

2. **shortage** : *pénurie, manque, insuffisance* ; cf. **to be short of**, *manquer de, être à court de*.

3. **dusty** : *poussiéreux* ; **dust**, *poussière*.

4. Mot à mot : *bien qu'elle souhaitât parfois que son mari revienne.*

5. **to remind someone of something** : *rappeler quelque chose à quelqu'un.*

6. Mot à mot : *de sa bonne fortune.*

7. **such brave sons** : *des fils si courageux.*

8. **ate nothing but...** : *ne mangeait rien que...* ; **to eat** (**ate, eaten**), *manger.*

9. Mot à mot : *Depuis le moment où ils étaient d'abord venus à cet endroit.*

Une famille qui vivait près d'un fleuve possédait des champs fertiles. Comme ils étaient situés près du fleuve, il n'y avait jamais de pénurie d'eau, même lorsque d'autres parties de la région étaient sèches et poudreuses. Il n'y avait pas de père dans cette famille – il était parti pour la ville et n'était jamais revenu – et la mère vivait donc avec ses cinq fils et ses propres parents. Si elle souhaitait parfois le retour de son mari, elle savait que cela n'arriverait jamais, et elle se répétait qu'elle avait bien de la chance d'avoir de si bons amis et de si vaillants garçons pour s'occuper d'elle.

Cette famille ne se nourrissait que de potirons. Dès leur arrivée dans ce lieu, ils avaient su que la terre y était bonne pour les potirons. Quand vous y semiez des graines de potirons, en quelques mois il y avait de gros plants sur tout le terrain, et quelques mois plus tard de superbes potirons jaunes mûrissaient au soleil. Ces potirons étaient délicieux. Leur chair était ferme et sucrée et remplissait même l'estomac le plus affamé. Pendant que les enfants grandissaient, leur mère comprit que les potirons étaient sans doute la meilleure nourriture pour des garçons, car ses fils étaient forts et avaient grand plaisir à l'aider dans les champs.

Bientôt la famille fut connue dans toute la région pour la qualité de ses potirons. Les gens venaient de très loin à pied pour acheter les potirons disponibles, et disaient ensuite à leur amis comme ces potirons étaient délicieux.

---

10. **seed** : *semence, graine* ; *pépin* ; **to sow (sewed, sawn)**, *semer*.

11. Mot à mot : *Si vous plantiez... il y aurait.*

12. **great** : *grand* ; *important, intense, formidable, magnifique, excellent.*

13. **to taste** : **a.** *goûter* ; **b.** *avoir un goût* (bon ou mauvais) : **it tastes good / bad** ; cf. le nom **taste**, *goût* ; *penchant.*

14. **would fill** : *était capable de remplir.*

15. **the woman saw** : *la femme vit*, **to see (saw, seen)**.

16. **throughout** : *partout dans.* **Throughout the world**, *dans le monde entier.* Signifie aussi *tout au long de, d'un bout à l'autre.*

17. **spare** : *de rechange, de réserve, dont on ne se sert pas* ; cf. **to spare**, *épargner, éviter, ménager* ; **I have no time to spare**, *je n'ai pas le temps, je n'ai pas de temps libre.*

The family planted more pumpkins, and soon they had so many in their fields[1] that they were able to sell almost half of their crop, while keeping the rest for themselves.

One morning, the youngest boy, Sipho, went from the huts to fetch water at the river to water the pumpkins. He did not get as far as the river, though, as what he saw in the fields made him turn straight back. Calling out to his mother, he ran up to her hut and told her what he had seen.

The woman lost no time in running[2] down to the fields. When she reached the first of the fences[3] she let out a wail of sorrow[4].

"Our pumpkins!" she sobbed. "Who has eaten up our pumpkins?"

The other boys and the grandfather were soon in the fields as well[5]. They looked around them and saw that many of the pumpkins had been ripped[6] from their vines[7] and were lying, half eaten, on the ground. Other pumpkins had been crushed, and the seeds were scattered all over the ground. Every field[8] looked as if it had been a battleground, with the yellow blood of the pumpkins on every stone.

The whole family set to work in clearing up[9] the broken pumpkins. The, when this was done, they set to repairing the fences which had been broken buy whomever[10] had done the damage[11]. That night, the two elder boys[12] crouched in a bush near the furthest fields, waiting to see if anything[13] would come back to wreak further havoc[14].

---

1. Mot à mot : *et bientôt ils en eurent tant dans leurs champs.*

2. Mot à mot : *ne perdit pas de temps pour courir.*

3. **fence** : *clôture, barrière, palissade.*

4. **sorrow** : *chagrin, douleur, peine, tristesse.*

5. Mot à mot : *furent bientôt dans les champs de même / eux aussi.*

6. **to rip** : *déchirer, fendre, éventrer* ; **to rip open**, *ouvrir en déchirant.*

7. **vine** : **a.** *sarment, tige* ; **b.** *vigne grimpante.*

8. Mot à mot : *Chaque champ / Tous les champs.*

9. **to clear up** : **a.** *dégager, déblayer, nettoyer* ; **b.** *résoudre, éclaircir* ; **to clear up a case / a mystery**, *résoudre une affaire / un mystère* ; **c.** (temps) *s'éclaircir, se dégager.*

La famille planta davantage de potirons, et bientôt leurs champs en furent si remplis qu'ils étaient capables de vendre près de la moitié de leur récolte, tout en gardant le reste pour eux.

Un matin le plus jeune garçon, Sipho, quitta les cases pour aller chercher de l'eau au fleuve afin d'arroser les potirons. Il n'alla pas jusqu'au fleuve, cependant, car ce qu'il voyait dans les champs lui fit faire demi-tour immédiatement. Appelant sa mère, il courut jusqu'à sa case et lui dit ce qu'il avait vu.

La femme se précipita sans attendre dans les champs. Quand elle atteignit la première des palissades, elle poussa un gémissement de désolation.

« Nos potirons ! sanglota-t-elle. Qui a mangé nos potirons ? »

Les autres garçons et le grand-père arrivèrent vite sur les lieux. Ils regardèrent autour d'eux et virent que de nombreux potirons avaient été arrachés à leurs tiges et gisaient à moitié dévorés, sur le sol. D'autres potirons avaient été écrasés et les pépins étaient éparpillés tout autour. Le terrain tout entier avait l'apparence d'un champ de bataille, toutes les pierres étaient éclaboussées du sang jaune des potirons.

Toute la famille se mit au travail pour déblayer les potirons éclatés. Puis, quand ce fut fait, ils se mirent à réparer les palissades qui avaient été brisées par les auteurs des dégâts. Cette nuit-là, les deux aînés se tapirent dans un buisson près du champ le plus éloigné, dans l'attente de voir si quiconque reviendrait causer de nouveaux ravages.

---

10. **whomever** : *qui que ce soit*.

11. **damage** : au sens de *dégâts*, est singulier en anglais. **Damages** signifie *dommages et intérêts*.

12. **elder** : comparatif de **old** (ou bien de **older**) lorsqu'il y a comparaison entre des enfants de mêmes parents.

13. **anything** : *quelque chose*. On ne sait pas de quelle créature il peut s'agir : humaine, animale, surnaturelle ?

14. **to wreak havoc** : *faire de grands dégâts / ravages, massacres, saccages, massacrer, saccager*. On dit aussi **to play / make / cause havoc**. Le verbe **to wreak** (*exercer, assouvir*) n'existe plus guère que dans cette formule et dans **to wreak one's rage / vengeance on**, *assouvir sa colère / vengeance sur*.

Many hours passed, but at last they heard a sound. They knew immediately what it was that had[1] done so much damage to their crop. Of course, they were too frightened[2] to move, and had to sit in their bush while the great elephants ate as many pumpkins as they could manage and destroyed many more. Then, when the elephants had walked away[3], the two boys ran to their home[4] and told their weeping mother what they had seen.

The next day the family discussed what could be done to save their remaining pumpkins.

"There is nothing we can do," said the grandfather, who was very old and had seen many times the damage that the elephants could do. "When the elephants come to a place the only thing that people[5] can do is to move[6] somewhere else."

"But we cannot leave this place," said the mother. "We cannot leave our beautiful[7] fields and the good water in the river."

"Then we shall all starve[8]," said the grandfather. "The elephants will eat all our pumpkins and there shall be none left[9] for us."

Nobody spoke for a while. They all knew that what the grandfather had said was probably true. Then the oldest boy stood up[10].

"I know of a way to save our pumpkins," he said[11]. "It is the only way."

The other boys looked at him as he spoke.

---

1. mot à mot : *ce qui c'était qui avait...*

2. **frightened** : le verbe **to frighten,** *effrayer, faire peur,* est formé sur le nom **fright,** *effroi, peur, terreur,* en ajoutant **–en.** C'est une formation fréquente pour les verbes à partir de noms ou d'adjectifs. Ainsi **dark,** *sombre :* **to darken,** *assombrir* ; **black,** *noir :* **to blacken,** *noircir* ; **red,** *rouge :* **to redden,** *rougir* ; **soft,** *doux :* **to soften,** *adoucir,* etc.

3. **to walk away** : *s'éloigner en marchant.*

4. **ran to their home** : ici aussi, **to their home** indique le mouvement principal – comme ci-dessus la postposition **away** – et *to run* la manière.

5. **people** : au sens de *les gens* est un collectif pluriel, malgré l'absence de **s.** Ex. : **people are concerned...** *les gens s'inquiètent.* Au sens de *peuple,* **people** a un pluriel : **a people,** *un peuple,* **peoples,** *des peuples.*

Les heures s'écoulèrent, nombreuses, mais ils entendirent enfin un bruit. Ils surent immédiatement ce qui avait causé tant de ravages à leur récolte. Naturellement ils furent trop effrayés pour bouger, et durent rester tapis dans leur buisson tandis que les énormes éléphants mangeaient autant de potirons qu'ils pouvaient, tout en en détruisant beaucoup d'autres. Puis quand les éléphants se furent éloignés, les deux garçons rentrèrent à la maison en courant et racontèrent à leur mère en larmes ce qu'ils avaient vu.

Le jour suivant, la famille discuta de ce qui pouvait être fait pour sauver les potirons qui restaient.

« Il n'y a rien à faire, déclara le grand-père, qui était très vieux et avait vu à de nombreuses reprises les dégâts que peuvent causer les éléphants. Quand les éléphants arrivent quelque part, la seule chose que les gens puissent faire est d'aller ailleurs. »

« Mais nous ne pouvons pas quitter cet endroit, dit la mère. Nous ne pouvons pas abandonner nos champs fertiles et la bonne eau du fleuve. »

« Alors nous allons tous mourir de faim, dit le grand-père. Les éléphants vont manger tous nos potirons et il n'en restera pas un seul pour nous. »

Personne ne parla pendant un certain temps. Ils savaient tous que ce qu'avait dit le grand-père était probablement vrai. Puis l'aîné des garçons se leva.

« Je connais un moyen de sauver nos potirons, dit-il. C'est le seul moyen. »

Les autres garçons le regardèrent pendant qu'il parlait.

---

6. **to move** : **a.** *se mouvoir, bouger* ; **b.** *déménager* ; **c.** *émouvoir.*

7. Mot à mot : *quitter nos beaux champs.*

8. **to starve** : **a.** *mourir de faim* ; *être affamé* ; **b.** *affamer, priver de nourriture.*

9. **to leave** (**left**, **left**) : *laisser, quitter* ; *partir.* **The train leaves at five**, *le train part à cinq heures.* **I have no money left**, *je n'ai plus d'argent.*

10. **to stand up** : *se mettre debout, se lever, se dresser.*

11. **he said** : ATTENTION : alors que dans **to say, I say, we say**, la prononciation est [seɪ], dans le prétérit et le participe passé **said** la prononciation est [sed] et dans **he / she says :** [sez].

This boy always had the best ideas, but they wondered how even he could deal with[1] such great beast as elephants.

"We shall put a boy in a pumpkin," he said. "We shall hollow out[2] the biggest pumpkin that we can find and we shall put a small boy inside. Then, when the elephants come back[3] to the fields, they will be unable to resist[4] such a good-looking[5] pumpkin. The biggest elephant will eat it, and when the boy is inside the elephant's stomach he can strike at its heart[6] with his knife. That will surely drive the elephants away[7]."

Everybody agreed[8] that this was the best plan that could be suggested.

"You will have to go inside the pumpkin," the oldest boy said to his youngest brother. "You are the smallest."

The small boy was unhappy about[9] this plan, but since the whole family had agreed on it, he could not refuse to play his part. While the older boys went off to the fields to look for the biggest pumpkin, the mother made a special meal for her youngest son. Then she covered him with fat and gave him some special charms[10] that she had kept for such a time.

The other boys came to the house with the largest pumpkin that the family had seen that year. They set it on a low[11] rock and cut a hole in its side. Then, with wooden scoops[12] and knives, they took out the pumpkin flesh and put it in a cooking pot[13]. Soon the pumpkin was quite hollow and they were able to push the youngest boy inside it.

---

1. **to deal with** : *avoir affaire à, traiter avec ; s'occuper de, traiter de, concerner ; résoudre*.

2. **to hollow** : *creuser, évider* ; cf. l'adjectif **hollow**, *creux*. Out est ici un intensif, indiquant que l'on évide complètement le potiron.

3. come **back** : notez l'emploi du présent (au lieu du futur français) après **when** au sens de *lorsque*.

4. **to resist** : à la différence du français (*résister à quelqu'un, à quelque chose*) l'anglais **to resist** est suivi d'un complément direct, sans préposition.

5. **good-looking** : *beau, bien, de belle apparence, attirant*.

6. **heart** : attention à la prononciation [haːʳt].

7. **to drive away** : *éloigner, faire fuir*. De **to drive** (**drove**, **driven**), *conduire, mener*.

Ce garçon avait toujours les meilleures idées, mais ils se demandèrent comment même lui pourrait s'y prendre en face de créatures aussi énormes que les éléphants.

« Nous mettrons un garçon dans un potiron, dit-il. Nous éviderons le plus gros potiron que nous pourrons trouver, et nous mettrons un petit garçon à l'intérieur. Alors quand les éléphants reviendront dans les champs, ils seront incapables de résister à un si beau potiron. Le plus gros des éléphants le mangera, et quand le garçon sera à l'intérieur de l'estomac de l'éléphant il pourra le frapper au cœur avec son couteau. Cela fera sûrement partir les éléphants. »

Tout le monde reconnut que c'était le meilleur plan qu'on pouvait proposer.

« Ça va être à toi d'entrer dans le potiron, dit l'aîné à son plus jeune frère. C'est toi le plus petit. »

Le petit garçon n'aimait pas trop ce plan, mais comme toute la famille s'en était mise d'accord, il ne pouvait pas refuser de jouer son rôle. Pendant que les autres partaient dans les champs pour chercher le plus gros potiron, la mère prépara un repas spécial pour son plus jeune fils. Puis elle l'enduisit de graisse et lui donna certaines amulettes qu'elle avait gardées pour de telles occasions.

Les autres garçons revinrent à la maison avec le plus gros potiron que la famille avait eu cette année là. Ils le posèrent sur un rocher près du sol et y creusèrent un trou. Puis, avec des cuillères en bois et des couteaux, ils enlevèrent la chair du potiron et la mirent dans un pot à cuire. Bientôt le potiron fut bien vidé, et ils purent pousser le plus jeune garçon à l'intérieur.

---

8. **to agree** : *être d'accord, reconnaître, accepter, consentir, acquiescer.*

9. Mot à mot : *était malheureux au sujet de* ; cf. : **I'm not too happy about it**, *je n'aime pas trop ça, ça me gêne un peu, je ne suis pas trop d'accord.*

10. **charm** : *charme, amulette, fétiche* ; *breloque.*

11. **low** : **a.** *bas, peu élevé* ; **b.** (son) *bas, sourd, étouffé* ; **c.** (taux, prix) *bas, faible, petit* ; **d.** (qualité) *inférieur, mauvais.*

12. **scoop** : *écope, cuiller, pelle à main.*

13. **cooking pot** : de **to cook**, *faire la cuisine, cuire la nourriture* et *pot, casserole.*

It was now getting dark[1], and so they carried the great pumpkin down to one of the fields and placed it in the middle. No elephant could fail[2] to spot[3] such a delicious-looking pumpkin.

"Do not be afraid," they said to their younger brother. "There is nothing that can go wrong[4] with this plan."

Inside the pumpkin, the small boy stayed[5] quite still[6]. If he moved, he thought it possible that the elephant would become[7] suspicious. He had a long time to wait, and it was cramped inside the pumpkin, but, like all his brothers, this boy was brave.

Some hours passed before he heard the first sounds of the elephants. To begin with there was only a faint rumble[8], and then the whole earth seemed to shake[9] as the elephants entered[10] the field. The largest of the elephants, who was also their leader, looked about the field as he wondered which pumpkins to eat first. When he saw the big pumpkin in the middle, he knew immediately that that would be the best pumpkin to eat. He went across to it, sniffed at it briefly with his trunk, and then scooped it up[11] into the air and straight into his mouth.

Inside the pumpkin, it seemed to the boy as if the whole world was turning upside down[12]. He felt the breath[13] of the elephant as the trunk embraced his pumpkin and then he sensed the sides of the pumpkin squeezing as the vegetable passed down into the great creature's throat.

---

1. **dark** : *sombre, foncé, obscur ; ombrageux ; sinistre* ; **it is getting dark** *il commence à faire sombre.*

2. **to fail** : *échouer, faillir, ne pas se produire, manquer, faire défaut,* (entreprise) *faire faillite ;* cf. **failure**, *échec.*

3. **to spot** : *repérer, apercevoir, reconnaître.*

4. **to go wrong** : *se tromper, faire fausse route, commettre une erreur aller de travers, mal se passer, mal tourner, avorter.*

5. **to stay** : *rester, demeurer, séjourner* ; **a stay**, *un séjour.*

6. **still** : **a.** *tranquille, immobile* ; **b.** *silencieux.*

7. Mot à mot : *il pensait (cela) possible qu'un éléphant devienne...* **to think** (**thought, thought**), *penser* ; **a thought**, *une pensée.*

Il commençait à faire nuit, aussi transportèrent-ils le plus gros potiron dans un des champs en le plaçant au milieu. Aucun éléphant ne manquerait de repérer un potiron d'allure si délectable.

« N'aie pas peur, dirent-ils à leur jeune frère. Rien ne peut faire échouer notre plan. »

À l'intérieur du potiron le petit garçon se tenait totalement immobile. S'il bougeait il pensait que cela pourrait rendre un éléphant soupçonneux. Il dut attendre longtemps, et il était bien à l'étroit dans le potiron, mais, comme tous ses frères, ce garçon était courageux.

Quelques heures s'écoulèrent avant qu'il n'entendît les premiers bruits qui annonçaient les éléphants. Ce fut d'abord une vague rumeur, puis la terre entière sembla trembler quand les éléphants entrèrent dans le champ. Le plus gros des éléphants, qui était aussi le chef, balaya le champ du regard en se demandant par quel potiron commencer. Quand il vit le gros potiron au milieu, il sut immédiatement que ce serait le meilleur à dévorer. Il alla droit sur lui, le renifla brièvement de la trompe puis le souleva en l'air pour le mettre directement dans sa bouche.

À l'intérieur du potiron, le garçon eut l'impression que le monde se mettait à l'envers. Il sentit la chaude haleine de l'éléphant alors que la trompe entourait le potiron, et il devina l'écrasement de celui-ci quant le légume passa dans la gorge de l'énorme créature.

---

8. **rumble** : *bruit sourd, grondement, roulement* ; **to rumble**, *faire un bruit sourd, gronder.*

9. **to shake** (**shook, shaken**) : **a.** *secouer, ébranler* ; **b.** *trembler* ; **to shake hands**, *serrer la main* ; **to shake one's head**, *secouer la tête* (pour dire non).

10. **to enter** est suivi d'un complément direct ; **to enter a room**, *entrer dans une pièce.*

11. **scooped it up** : c'est **up** qui indique le mouvement principal : l'éléphant soulève le potiron avec sa trompe comme on porte de la nourriture à sa bouche avec une cuiller.

12. **upside down** : *sens dessus dessous, à l'envers, la tête en bas.*

13. **breath** [breθ] : *haleine, souffle, respiration* ; **to breathe** [briːð], *respirer.*

When the movement stopped, he realized that he was now inside the elephant's stomach. This was the time for him to cut his way out[1] of the pumpkin and find the elephant's heart.

His knife in his hand[2], the boy groped[3] his way out of the pumpkin. With a quick lunge, he struck his knife into the heart of the elephant, and then fell to his knees as the great beast roared out[4] and lurched[5] upon his feet.

By the time that the family arrived, the other elephants had all run away in fright. Alone in the middle of the pumpkin field, the great elephant lay on his side. The boys cut through the thick elephant skin to rescue[6] their small brother. The mother kissed him when he emerged from within the elephant, and then she wiped away the fat and the pieces of pumpkin that stuck[7] to his skin.

The following night, many people came to see that family to help them eat[8] the elephant meat. They ate many pumpkins too.

---

1. **to cut his way out** : le mouvement principal est indiqué par **his way out**, la manière par **to cut** (**cut, cut**), *couper*.

2. **His knife in his hand** : notez l'emploi de l'adjectif possessif en anglais. De même **they had their hands in their pockets**, *ils avaient les mains dans les poches*.

3. **to grope** : *tâtonner, aller à tâtons, à l'aveuglette* ; **to grope for words**, *chercher ses mots*.

4. **to roar** : *rugir* ; *hurler* ; *gronder*. Signifie aussi *barrir*, quoique moins fréquent dans ce sens que **to trumpet** ; **out** est ici intensif.

Quand le mouvement cessa, il réalisa qu'il était maintenant dans l'estomac de l'éléphant. Le moment était venu pour lui de se frayer un chemin hors du potiron et de trouver le cœur de l'éléphant.

Le couteau à la main, le garçon sortit du potiron en tâtonnant. D'un mouvement rapide, il plongea son couteau dans le cœur de l'éléphant, et tomba à genoux tandis que l'énorme bête barrissait furieusement et se mettait à tituber.

Quand sa famille arriva, les autres éléphants s'étaient tous enfuis, terrorisés. Seul au milieu du champ de potirons, le grand éléphant gisait sur le flanc. Les garçons tranchèrent l'épaisse peau d'éléphant pour dégager leur petit frère. Sa mère l'embrassa quand il émergea de l'éléphant, et essuya la graisse et les morceaux de potiron qui lui collaient à la peau.

Le soir suivant, de nombreux visiteurs vinrent voir la famille pour l'aider à manger la viande d'éléphant. Ils dégustèrent aussi beaucoup de potirons.

---

5. **to lurch** : *tanguer, tituber, vaciller, faire des embardées.*

6. **to rescue** : *sauver, secourir, délivrer*; **rescue** (nom), *sauvetage, secours, délivrance.*

7. **to stick** (**stuck, stuck**) : *coller, adhérer.*

8. En anglais moderne, **to help** est souvent suivi de l'infinitif sans **to** : **Help me do it !** *Aide-moi à le faire !* (mais **Help me to do it** reste correct).

Sister of Bones

Sœur en os

A family who lived in a dry place had two daughters. It would have been better for them[1] to have had more girls, as there was a lot of work for women[2] to do there. In the mornings, there was cooking to do for the breakfast. Then, as the sun rose[3] higher, there was maize to pound[4] into powder and the yard to sweep. There were also other people's children to look after[5].

The hardest work, though, was the collecting[6] of water. In the rain season there was a spring nearby which gave good, clear water for everybody to drink, but when it was dry, as it often was, the only place where water could be found was a river a long way off. To reach the river people had to leave in the early morning and they would only be back at midday[7].

It was not easy carrying calabashes of water back from the river. The sun was hot in the sky above and a dry wind came from the hills. Often the only companions along the path would be[8] the lizards scurrying[9] off in the dust or the cicadas screeching[10] in the bush.

For many years it had been[11] the task of the first girl to go to the river for water. The second girl was not nearly[12] as strong as her sister. Her arms were thin[13] and it was difficult for her to walk long distances. When she was asked to carry anything, the load felt twice as heavy[14] to her as it did to her stronger sister.

---

1. **them** : renvoie à **family**, considéré comme un collectif pluriel.

2. Attention au changement de prononciation entre le singulier et le pluriel : **a woman** ['wʊmən], **women** ['wɪmɪn].

3. **to rise** (**rose, risen**) : *se lever, s'élever* ; *monter, augmenter*.

4. **to pound** : **a.** *broyer, piler, concasser, écraser* ; **b.** *cogner, frapper à coups redoublés.*

5. **to look after** (**somebody, something**) : *s'occuper de, veiller sur, surveiller* ; *être au service de.*

6. **to collect** : *réunir, assembler, rassembler, recueillir, amasser* ; *passer prendre* ; *percevoir, toucher* (une somme d'argent, etc.) ; *collectionner.*

7. Mot à mot : *ils n'étaient / ne seraient de retour qu'à midi.*

8. **would be** : forme fréquentative, qui indique la répétition dans le passé (cf. **often**).

9. **to scurry** : *détaler, décamper* ; *se hâter* ; **to scurry through one's**

Une famille qui vivait dans une région sèche avait deux filles. Il aurait mieux valu pour elle d'avoir davantage de filles, car il y avait beaucoup de travail à faire pour les femmes en ce lieu. Le matin, il fallait faire la cuisine pour le petit déjeuner. Puis, comme le soleil montait dans le ciel, il fallait réduire le maïs en poudre et balayer la cour. Il fallait aussi s'occuper des enfants des autres.

Le plus dur labeur, cependant, était d'aller chercher de l'eau. Pendant la saison des pluies, il y avait une source, tout près, qui donnait de la bonne eau claire que tout le monde pouvait boire, mais quand elle était à sec, ce qui était souvent le cas, le seul endroit où l'on pouvait se procurer de l'eau était une rivière lointaine. Pour y parvenir, il fallait partir tôt le matin pour n'être de retour qu'à midi.

Il n'était pas facile de transporter les calebasses remplies d'eau en revenant de la rivière. Le soleil dardait ses chauds rayons depuis le ciel, et un vent sec soufflait des collines. Souvent les seuls compagnons rencontrés en chemin étaient des lézards qui détalaient dans la poussière ou des cigales stridulant dans les buissons.

Depuis de nombreuses années, c'était le travail de l'aînée d'aller chercher l'eau à la rivière. La cadette était loin d'être aussi forte que sa sœur. Ses bras étaient maigres et il lui était difficile de marcher sur de longues distances. Quand on lui demandait de porter quelque chose, la charge lui paraissait deux fois plus lourde qu'elle ne l'était pour sa sœur plus vigoureuse.

---

work, *expédier son travail* ; **to scurry for shelter**, *se précipiter pour se mettre à l'abri*.

10. **to screech** : *pousser des cris perçants / aigus / rauques*. **The car screeched to a halt**, *la voiture s'est arrêtée dans un grincement (de freins)*.

11. **it had been** : notez l'emploi du temps en anglais avec **for** au sens de *depuis*. Cf. **I have been there for a week**, *je suis ici depuis une semaine* ; **I had been here for a week**, *j'étais là depuis une semaine*. L'anglais emploie le passé composé (***present perfect***) au lieu du présent français et le plus-que-parfait (***pluperfect***) au lieu de l'imparfait français.

12. **nearly** : *presque, à peu près* ; *bientôt*. **She is not nearly so old as you**, *elle n'est pas aussi âgée que toi, il s'en faut de beaucoup*.

13. **thin** : *mince, peu épais, maigre* ; (cheveux, etc.) *clairsemé*.

14. Mot à mot : *deux fois aussi lourd*. Cf. **Twice as old**, *deux fois plus âgé* ; **twice as expensive**, *deux fois plus cher*.

For this reason, most of her work was at home, plucking chickens or doing other things which required less strength.

The mother and father of that family had spoken to many people about what was wrong[1] with that girl. They had taken her to a witchdoctor[2], who had pinched her thin arms and rubbed[3] a thick paste on them.

"That will make them strong," he had said.

They kept the paste on the arms until it had been all rubbed off[4], but the second girl's arms remained thin.

"She will always be weak[5]," her mother said to her father. "We must accept that she is a weak girl."

The second girl felt[6] sad that she was not as strong as the first girl, but she did not complain. There was plenty of work even for weak girls in that dry place.

The first girl always fetched her water from the same spot. There was a pool[7] in the river there, and a path that led[8] straight down to the edge of the water. It was a place where animals came to drink, and each morning, she could tell[9] from the footprints which animals had been there before her. She could tell the marks of the leopards – who always drank at night – and the tiny[10] marks of the duiker[11], who came shyly down to the river just as the sun was rising[12].

---

1. **to be wrong** : a. *être mal, être injuste* ; b. *se tromper, avoir tort* ; c. *aller mal, ne pas aller* : **what's wrong?** *qu'est-ce qui ne va pas ?* ; **there's nothing wrong**, *tout va bien*.

2. **witchdoctor** : de **witch**, *sorcière* (masculin : **wizard**, *sorcier, magicien, génie*) et **doctor**, *médecin*.

3. **to rub** : *frotter, frictionner*.

4. **to rub off** : *enlever par frottement*. C'est surtout **off** qui indique le résultat.

5. **weak** : *faible, chétif, fragile* ; (argument) *peu convaincant* ; cf. **to weaken**, *affaiblir* ; **weakness**, *faiblesse*.

6. **to feel sad** : *se sentir triste* ; cf. **to feel cold**, *avoir froid*, **to feel hungry**, *avoir faim*, etc.

Pour cette raison, elle travaillait surtout à la maison, plumant des poulets ou accomplissant des tâches qui demandaient moins de force.

La mère et le père de cette famille avaient parlé avec beaucoup de gens de ce qui n'allait pas avec cette fille. Ils l'avaient emmenée chez un guérisseur, qui avait pincé ses bras maigres et les avait enduits d'une pâte épaisse.

« Cela va les rendre forts », avait-il dit.

Ils avaient laissé la pâte sur ses bras jusqu'à ce qu'elle s'en aille complètement, mais les bras de la seconde fille restèrent maigres.

« Elle sera toujours chétive, dit la mère au père. Il nous faut admettre que c'est une fille chétive. »

La seconde fille était triste de ne pas être aussi solide que son aînée, mais elle ne se plaignait pas. Il y avait beaucoup de travail, même pour des filles chétives, dans cet endroit desséché.

La fille aînée allait toujours chercher son eau au même endroit. Il y avait là un abreuvoir, et une piste qui menait directement au bord de l'eau. C'était un endroit où les animaux venaient boire, et tous les matins elle pouvait dire d'après leurs empreintes quels animaux l'avaient précédée.

Elle pouvait distinguer les traces de léopards – qui s'abreuvaient toujours la nuit – et celles, toutes menues, des petites antilopes qui venaient timidement jusqu'à la rivière juste au lever du jour.

---

7. **pool** : *flaque* (d'eau) ; *étang, bassin, pièce d'eau, plan d'eau, point d'eau*. Peut aussi indiquer un endroit où une rivière / un ruisseau s'élargit ou s'approfondit. **A swimming pool**, *une piscine*.

8. **to lead** (**led**, **led**) : **a.** *conduire, mener* ; **b.** *diriger*.

9. Mot à mot : *elle pouvait dire* (**to tell, told, told**, *dire*).

10. **tiny** : *minuscule, tout petit*.

11. **duiker** : petite antilope africaine dont certaines ont la taille d'un lapin.

12. Mot à mot : *alors que le soleil se levait* ; cf. **sunrise**, *le lever du jour / soleil, l'aube*.

Every day the first girl would dip[1] her calabashes into the pool and draw out the cool river water. Then, with the calabashes full, she would dip her hand into the pool and take up a few mouthfuls[2] of water before she began the long journey[3] home.

One day she felt very tired when she arrived at the river's edge[4]. It had been especially hot that day, and it seemed to her that all her strength[5] had been drained[6] by the long walk. As she leaned[7] forward to fill her calabashes, the first girl felt her head spinning[8] around. She tried to stand up again, but she could not and slowly she tumbled forward[9] into the water.

The river was deep and the first girl could not swim[10]. For a few moments she struggled[11] to get back to the edge of the pool, but there was a current in the water and it tugged[12] at her limbs[13]. Soon she was out in the middle of the river and it was there that she sank[14], with nobody to see her or to hear her last cry. Only some timid monkeys in a tree by the edge of the river saw the first girl disappear. For a few minutes, they stared at the ripples[15] in the water where she had been and then they turned away and were gone.

---

1. **would dip** : **would** indique la répétition de l'action (cf. **every day**).

2. **mouthful** : *bouchée, gorgée*.

3. **journey** : *voyage, parcours, trajet* ; to **journey**, *voyager*.

4. **the river's edge** : de même qu'il existe des cas possessifs de temps, **today's newspaper**, *le journal d'aujourd'hui*, **a two hours' journey**, *un voyage de deux heures*, on trouve, plus rarement, des cas possessifs appliqués au lieux. **The river's edge** en est un des exemples les plus connus.

5. **strength** : *force, puissance* ; cf. l'adjectif **strong**, *fort*, et le verbe to **strengthen**.

6. **to drain** : *drainer, assécher*. **To drain someone of his strength**, *épuiser les forces de quelqu'un*.

7. **to lean** (**leaned, leaned** ou **leant, leant** [lent]) : *se pencher, s'appuyer*.

8. **to spin** (**span, spun**) = *tourner, tournoyer* ; *tomber en vrille*. Signifie aussi *filer* (la laine).

Tous les jours, la première fille plongeait ses calebasses dans l'abreuvoir et en tirait l'eau fraîche de la rivière. Puis, une fois les calebasses remplies, elle plongeait la main dans l'eau et en avalait quelques gorgées avant de repartir pour le long trajet de retour.

Un jour elle se sentit très fatiguée en arrivant au bord de l'eau. Il avait fait particulièrement chaud ce jour-là, et il lui semblait que la longue marche l'avait vidée de toutes ses forces. Comme elle se penchait pour remplir ses calebasses, sa tête se mit à tourner. Elle essaya de se redresser mais elle n'y réussit pas et bascula lentement dans l'eau.

La rivière était profonde et la fille aînée ne savait pas nager. Pendant quelques instants, elle lutta pour regagner la rive, mais il y avait du courant et il tirait sur ses membres. Elle fut bientôt entraînée au milieu de la rivière, et c'est là qu'elle coula, sans personne pour la voir ou entendre son dernier cri. Seuls quelques singes timides dans un arbre au bord de l'eau virent la jeune fille disparaître. Pendant quelques minutes ils fixèrent les vaguelettes à la surface de l'eau là où elle avait disparu puis ils se détournèrent et partirent.

---

9. **forward** : *vers l'avant.*

10. **to swim** (**swam, swum**) : *nager.* Signifie aussi *tourner* dans l'expression **my head is swimming,** *j'ai la tête qui tourne / le vertige / un étourdissement.*

11. **to struggle** : *lutter, se débattre, se démener.* Cf. **The struggle for life,** *la lutte pour la vie.*

12. **to tug** : *tirer, opérer une traction* ; cf. **a tug,** *un remorqueur.*

13. **limb** [lɪm] : *membre.* Comme souvent en fin de mot après la lette **m**, le **b** n'est pas prononcé, cf. **lamb** [læm], *agneau* ; **palm** [pɑːm], *paume* ; **to climb** [klaɪm], *grimper* ; **comb** [kəʊm], *peigne*, etc.

14. **to sink** (**sank, sunk**) : *couler, sombrer, faire sombrer* ; *enfoncer* ; (*cours,* etc.) *plonger.*

15. **ripple** : *ondulation, ride* (sur l'eau), *vaguelette.* **Ripple effect,** *réaction en chaîne.*

When the first girl had not returned by sunset[1], the father knew that something had happened to her. There was nothing he could do during the night, as there were lions nearby, but the next morning all the men went out to search for the first girl. They followed her footprints, which were clear on the ground, and traced[2] her steps to the edge of the water. When they saw that the steps did not come back from the river's side, they cried out in sorrow, for they knew now what had happened to the first girl.

There was great sadness in that home.

Everybody had loved the first girl, who had always smiled and had been happy in her work. The second girl slept alone in her hut, sadly staring at the emptiness[3] where the first girl had had her sleeping mat.

Now there was no choice but[4] for the second girl to fetch the water each day. She set off before dawn the next morning, her heart full of sadness, wondering whether[5] she would ever be able to carry the calabashes all the way back from the river. It was only after stopping many times that she managed[6] her task, and when she had returned she felt as if she would never be able to walk again[7]. Of course she knew that when the next morning came she would have to set out[8] again, and that this task would have to be performed[9] every day until the rains came again.

For three days the second girl fetched water from the river, and each day it became harder and harder. On the fourth day, when she reached the edge of the river she dropped her calabashes on the ground and sang the song that she had made for her sister. In this song, she told how her sister had come to the river and fallen in[10].

---

1. **sunset** : *coucher du soleil, couchant.*

2. **to trace** : **a.** *tracer* ; **b.** *relever / retrouver les traces, suivre à la trace.*

3. **emptiness** : un des nombreux cas de formation de nom par adjectif + **ness** : empty, *vide,* + **ness** → **emptiness,** *le vide* ; lazy, *paresseux,* + **ness** → **laziness,** *paresse* ; silly, *sot,* + **ness** → **silliness,** *sottise* ; happy, *heureux,* + **ness** → **happiness,** *bonheur,* etc.

4. **but** : *si ce n'est* ; cf. **he is but a child,** *ce n'est qu'un enfant* ; **they left but a few minutes ago,** *il n'y a que quelques minutes qu'ils sont partis.*

5. **whether** : au sens de *si oui ou non.* Ex. : **I don't know whether they'll come,** *je ne sais pas s'ils viendront (ou pas).*

Quand, au coucher du soleil, l'aînée n'était toujours pas de retour, le père comprit que quelque chose lui était arrivé. Il n'y avait rien qu'il puisse faire pendant la nuit, car il y avait des lions aux alentours, mais le lendemain matin tous les hommes partirent à la recherche de la fille aînée. Ils suivirent ses empreintes, qui étaient très visibles sur le sol, et ses pas les conduisirent jusqu'au bord de l'eau. Quand ils virent qu'aucune trace ne partait de la berge, ils poussèrent des cris de désolation, car ils savaient maintenant ce qui était arrivé à la jeune fille.

Il y eut une grande tristesse au foyer.

Tout le monde avait aimé la fille aînée, qui avait toujours été souriante et heureuse dans son travail. La cadette dormit seule dans sa case, fixant avec tristesse le vide où l'aînée avait eu sa natte.

Il n'y avait pas maintenant d'autre choix que d'envoyer la cadette chercher l'eau chaque jour. Le lendemain matin, elle se mit en route avant l'aube, le cœur plein de tristesse, et se demandant si elle pourrait jamais porter les calebasses sur tout le long trajet depuis la rivière. Ce n'est qu'après de nombreux arrêts qu'elle accomplit sa tâche, et à son retour elle avait l'impression qu'elle ne pourrait jamais recommencer. Elle savait cependant que le matin suivant elle devrait partir de nouveau, et qu'il lui faudrait remplir cette tâche chaque jour jusqu'au retour des pluies.

Trois jours de suite, la fille cadette alla chercher l'eau à la rivière, et chaque jour cela devenait de plus en plus difficile. Le quatrième jour, en arrivant au bord de la rivière, elle laissa tomber ses calebasses par terre et chanta le chant qu'elle avait composé pour sa sœur. Dans ce chant, elle racontait comment sa sœur était venue à la rivière et y était tombée.

6. **to manage** : **a.** *réussir / arriver à faire quelque chose* ; **b.** *diriger*. **I can manage**, *je peux me débrouiller*.

7. Mot à mot : *elle se sentait comme si elle ne serait jamais capable de marcher de nouveau*.

8. **to set out** : synonyme de **to set off**, *se mettre en route*.

9. **to perform** : *accomplir, exécuter, pratiquer* ; (machine, etc.) *se comporter* ; (acteur, etc.) *jouer, se produire*.

10. **to fall** (**fell, fallen**) : *tomber*.

In that river there were many crocodiles. They would lie out on sandbanks or float just below the surface of the water, carefully watching the animals that came to the river to drink. When they heard this song, the crocodiles slipped[1] into the river and quietly swam closer[2] so that they could hear the words more clearly. It was a sad song and even the crocodiles felt sorry for her[3].

After the song was finished, the second girl sat at the river's edge, waiting for the return of what little strength she had[4]. The crocodiles, though, swam away into the middle of the river, to the place where the first girl had drowned. Then, diving down to the bottom of the river, they gathered the bones of the first girl and took them to a special rock they knew on the other side of the river. There they put the bones together again and made them into a girl again. They carried the girl back where the second girl was sitting and left her there.

When the second girl saw that her sister had come back, she cried out in joy and kissed her.

"I shall carry your water," the first girl said, "I am stronger."

The first girl carried the calabashes almost all the way back, but just before the village she had to stop and allow[5] the second girl to carry them in[6].

"The crocodiles will not want me to leave[7] the river now," she said. "I must go back."

---

1. **to slip** : a. *glisser* ; b. *échapper*, **it had slipped my mind**, *ça m'était sorti de la tête*.

2. **swam closer** : l'adjectif au comparatif **closer** (*plus près*) joue le même rôle qu'une postposition, en indiquant le mouvement principal : *se rapprocher* ; le verbe, **to swim**, indique la manière, *en nageant*.

3. Mot à mot : *se sentirent désolés pour elle*.

4. Mot à mot : *en attendant le retour du peu de force dont elle disposait* ; cf. **we'll give you what little help we can**, *nous vous aiderons comme nous le pourrons*.

Il y avait de nombreux crocodiles dans cette rivière. Ils se prélassaient sur des bancs de sable ou flottaient juste au-dessous de la surface de l'eau, surveillant attentivement les animaux qui venaient boire à la rivière. Quand ils entendirent ce chant, les crocodiles se glissèrent dans la rivière et s'approchèrent en nageant pour mieux en entendre les paroles. C'était un chant triste, et même les crocodiles en furent émus.

Quand le chant fut terminé, la seconde fille s'assit au bord de l'eau, en attendant de retrouver un peu de force. Les crocodiles, cependant, gagnèrent le milieu de la rivière jusqu'à l'endroit où la première fille s'était noyée. Puis, plongeant au fond de la rivière, ils rassemblèrent les os de l'aînée et les emportèrent jusqu'à un certain rocher qu'ils connaissaient de l'autre côté de la rivière. Ils y assemblèrent de nouveau les os pour reconstituer une jeune fille. Ils transportèrent celle-ci jusqu'à l'endroit où la cadette était assise et l'y laissèrent.

Quand la deuxième fille vit que sa sœur était revenue, elle cria de joie et l'embrassa.

« Je vais porter ton eau, dit l'aînée, je suis plus forte. »

La première fille porta les calebasses sur presque tout le trajet de retour, mais juste avant d'arriver au village, elle dut s'arrêter pour laisser la cadette s'en charger.

« Les crocodiles ne voudraient pas que je quitte la rivière maintenant, dit-elle. Il faut que j'y retourne. »

---

5. **to allow** : *permettre, autoriser, rendre possible.*

6. **in** a le même sens que **into the village**, *en entrant dans le village.*

7. mot à mot : *ne voudrait pas que je quitte.* Mais **will** indique ici l'idée de *vouloir* plutôt que le futur. Notez la construction après **to want** : **I want you to do it**, *je veux que vous le fassiez.*

From that day onwards[1], whenever[2] the second reached the river the first girl would be[3] there waiting for her. After the calabashes had been filled, she would put them on her head and shoulders and carry them back for the second girl, singing all the while and telling her sister stories of what happened in the river.

The second girl was happy to have her sister back and was happy too that everybody now thought[4] that she was strong. She tried to tell her mother and father that she was helped by the first girl, but they cried out in anger that her sister was dead.

"She is not," the second girl said quietly. "Come with me to the river tomorrow and you shall[5] see."

The parents went with the second girl the next day and were happy when they saw the first girl waiting by[6] the bank.

In gratitude to the crocodiles, the father put out some meat on a rock where he knew that the crocodiles liked to sit[7]. The crocodiles smelled the meat and swallowed it quickly in their great jaws[8]. Then they went back to some other rocks and watched the family in all its happiness.

---

1. **onward**s : **a.** *en avant, de l'avant* ; **b.** *à partir de*. **From today onward,** *à partir d'aujourd'hui.*

2. **whenever** : *chaque fois que* ; cf. **wherever**, *partout où* ; **whatever**, *quoi que ce soit, etc.*

3. **would be there** : indique la répétition (forme fréquentative).

4. Rappel : **to think** (**thought, thought**), *penser* ; *croire* ; **a thought**, *une pensée.*

À partir de ce jour, chaque fois que la deuxième fille arrivait à la rivière, son aînée se trouvait là à l'attendre. Une fois les calebasses remplies, elle les plaçait sur sa tête et ses épaules et les portait à la place de sa cadette, tout en chantant et en lui racontant des histoires sur ce qui se passait dans la rivière.

La deuxième fille était heureuse que sa sœur soit de retour, et était également contente de ce que tout le monde croyait maintenant qu'elle était forte. Elle essaya de dire à sa mère et à son père qu'elle était aidée par son aînée, mais ils s'écrièrent avec colère que sa sœur était morte.

« Elle ne l'est pas, dit calmement la deuxième fille. Venez avec moi à la rivière demain et vous verrez. »

Ses parents l'accompagnèrent le jour suivant et furent heureux quand ils virent leur première fille qui attendait près de la rive.

Pour remercier les crocodiles, le père déposa de la viande sur un rocher où il savait que les crocodiles aimaient s'étendre. Les crocodiles sentirent la viande et l'avalèrent rapidement avec leurs énormes mâchoires. Puis ils retournèrent sur d'autres rochers et contemplèrent la famille qui était toute à son bonheur.

---

5. **you shall see** : **shall** est ici beaucoup plus solennel que ne le serait le simple futur, **you will see**. Cf. **You shall not kill**, *tu ne tueras point* (commandement biblique).

6. **by** : *à côté de, près de.*

7. **to sit** (**sat**, **sat**) : *s'asseoir ; être assis* ; mais aussi, *se poser, se percher.*

8. **jaw** : *mâchoire.* **A jaw-breaker**, un mot très difficile à prononcer (mot à mot : *un briseur de mâchoire*).

Milk Bird

L'oiseau qui donnait du lait

A man who had two clever[1] children – a boy and a girl – used to go to a place where he knew were succulent wild fruits to be picked[2]. This man knew a great deal[3] about fruits, and he was always able to distinguish between those which were good to eat and those which were bitter in the mouth[4]. His family, who all liked these fruits, used to wait[5] to meet[6] him in the evening and enjoy the food which he brought back from that special place.

It was while the man was gathering[7] fruits that he saw a most unusual bird. There were many birds in the fruit place, as they liked to eat the seeds which the fruits produced. Many of the birds in that part were bloated[8] from the goodness of their food, and could not fly as high or as quickly as other birds. For this reason, if anybody[9] wanted to catch a bird, then that was the easiest for it to be done.

The unusual bird was standing in the grass, his head barely showing. If the man had not been looking in that direction, he would have missed[10] him, but, as it happened[11], his eyes alighted[12] on the bird's head and he drew in his breath in astonishment.

On the top of the bird's head there was a plume[13] of feathers. These feathers were not grey, as were the feathers on top of the snake-eating birds, but were coloured red and green. The neck, which could just be made out[14], was white.

---

1. **clever** : a. *adroit, habile* ; b. *intelligent, malin, astucieux, à l'esprit vif.*

2. **to pick** : a. *choisir* ; b. *cueillir.* Notez aussi **to pick a fight (with someone)**, *chercher la bagarre,* **to pick a quarrel**, *chercher querelle.*

3. **a great deal** = **a lot**, *une grande quantité, beaucoup, énormément.*

4. Mot à mot : *amer(s) dans la bouche.*

5. **used to wait** : (cf. plus haut **used to go**) : **used to** est appelé « forme fréquentative », et indique la répétition d'une action dans le passé.

6. **to meet** (**met, met**) : *rencontre*r. **A meeting,** *une réunion.*

7. **to gather** : a. *(se) rassembler, grouper ; ramasser, cueillir* ; b. *déduire, conclure, (croire) comprendre.*

Un homme qui avait deux enfants à l'esprit vif – un garçon et une fille – avait l'habitude d'aller dans un endroit où il savait qu'il y avait de délicieux fruits sauvages à cueillir. Cet homme savait beaucoup de choses sur les fruits, et il était toujours capable de distinguer ceux qui étaient bons à manger de ceux qui avaient un goût amer. Les membres de sa famille, qui tous aimaient ces fruits, l'attendaient pour l'accueillir le soir et déguster la nourriture qu'il ramenait de cet endroit spécial.

C'est alors qu'il ramassait des fruits que l'homme vit un oiseau très peu familier. Il y avait beaucoup d'oiseaux dans l'endroit aux fruits, car ils aimaient manger les graines que les fruits produisaient. Beaucoup des oiseaux de ce lieu étaient alourdis par leur bonne nourriture, et ne pouvaient pas voler aussi haut ou aussi vite que les autres oiseaux. C'est pourquoi, si l'on voulait attraper un oiseau, c'était l'endroit idéal pour le faire.

L'oiseau peu commun se tenait dans l'herbe, la tête à peine visible. Si l'homme n'avait pas regardé dans cette direction, il ne l'aurait pas vu, mais il se trouva que son regard tomba sur la tête de l'oiseau, et qu'il en retint son souffle d'étonnement.

Au sommet de la tête de l'oiseau, il y avait un panache de plumes. Ces plumes n'étaient pas grises, comme les plumes de la crête des oiseaux mangeurs de serpents, mais de couleur rouge et verte. Le cou, que l'on pouvait tout juste distinguer, était blanc.

---

8. **to bloat** : *gonfler, boursoufler.* S'emploie surtout au participe passé, **bloated**, *bouffi, ballonné.*

9. **anybody** : *quiconque, une personne quelconque, une personne quelle qu'elle soit.*

10. **to miss** : *manquer, rater.* Attention à la construction dans des formules comme *tu me manques* : **I miss you.**

11. **as it happened** : *comme cela arriva, comme cela fut le cas.*

12. **to alight** : *descendre, mettre pied à terre,* (oiseau) *se poser.*

13. **plume** : *panache, plumet, touffe de plumes.*

14. **to make out** : *discerner, percevoir, reconnaître.*

The man watched the bird, which had not seen him and was showing no sign of fear. After a moment or two[1], the bird strutted forward[2] a few paces, and so the man was able to see more of its body[3]. He saw now that the belly was covered with red feathers and those on the bird's long legs were white and black. The bird moved its head, as if looking for something, and took a few more steps.

The man watched the bird for a few moments. There was a great deal of fruit[4] that had ripened[5] that day, but he found that he could think only of the bird and of how he would like to take the bird home[6]. He was worried[7] that if he approached the bird, it would take to the air and disappear, but he knew that if he did nothing he would never be able to forget[8] that he had lost the chance of capturing the most beautiful of all birds.

The man crept[9] forward, taking care not to allow[10] his footsteps to be heard. There were twigs on the ground, and large stones, but he avoided these carefully[11] and was soon only a short distance away from his quarry. Then, with a great lunge[12], he flung[13] himself on top of the bird and pinned[14] it to the ground.

To the man's surprise, the bird did not struggle. As it lay[15] beneath him, its wings and its body immobile, it merely[16] looked up at him with its dark eyes, and blinked.

The man took out his fruit bag and slipped the bird into it. Then, deciding not to bother to gather any more fruit, he turned round and made for home as quickly as he could.

---

1. Mot à mot : *un instant ou deux*.

2. **to strut** : *se pavaner, se rengorger, marcher d'un air important*. Le français traduit surtout **forward**, *vers l'avant*, qui indique le mouvement principal.

3. Mot à mot : *fut capable de voir davantage de son corps*.

4. **fruit** : collectif singulier – comme ici – quand il désigne de façon générale la catégorie *fruit* ; il se met au pluriel pour désigner les variétés ou plusieurs fruits d'une même variété. Cf. **fish,** collectif singulier pour désigner « *le poisson* » de façon générale, qui peut se mettre au pluriel pour désigner différentes catégories.

5. **to ripen** : *mûrir*. Verbe formé sur l'adjectif **ripe**, *mûr.* ; cf. **white**, *blanc* → **to whiten**, *blanchir* ; *sad*, *triste* → **to sadden**, *attrister*.

6. Mot à mot : *comme il aimerait emmener l'oiseau chez lui*.

L'homme observa l'oiseau, qui ne l'avait pas vu et ne montrait aucun signe de peur. Au bout de quelques instants, l'oiseau fit plusieurs pas en avant, et l'homme eut une vue plus complète de son corps. Il vit alors que son ventre était recouvert de plumes rouges et que celles qui ornaient ses longues pattes étaient blanches et noires. L'oiseau remua la tête, comme s'il cherchait quelque chose, et fit de nouveau quelques pas en avant.

L'homme observa l'oiseau pendant quelques instants. Il y avait beaucoup de fruits qui avaient mûri ce jour-là, mais il s'aperçut qu'il ne pouvait penser qu'à l'oiseau et au profond désir qu'il avait de l'emporter chez lui. Il craignait que s'il approchait l'oiseau, celui-ci s'envolerait et disparaîtrait, mais il savait que s'il ne tentait rien il regretterait toujours d'avoir laissé passer sa chance de capturer le plus beau de tous les oiseaux.

L'homme s'avança lentement, veillant à ce que ses pas ne puissent pas être entendus. Il y avait des brindilles sur le sol, ainsi que de grosses pierres, mais il eut soin de les éviter et fut bientôt tout près de sa proie. Alors, dans un grand plongeon, il se jeta sur l'oiseau et le plaqua au sol.

À sa surprise, l'oiseau ne résista pas. Il gisait sous lui, ailes et corps immobiles, se contentant de le fixer de son regard sombre et de cligner des yeux.

L'homme prit son sac à fruits et y glissa l'oiseau. Puis, renonçant à cueillir davantage de fruits, il fit demi-tour et rentra chez lui aussi vite qu'il le put.

---

7. **to be worried** : *être inquiet, se tracasser.*

8. Mot à mot : *il ne serait jamais capable d'oublier.*

9. **to creep** (**crept, crept**) : *ramper;* (plante) *grimper; se mouvoir en silence, avancer à pas de loup.* **A creeper**, *une plante grimpante / rampante.*

10. **to allow** : *permettre.*

11. **carefully** : *soigneusement, prudemment, attentivement.*

12. **lunge** : *brusque mouvement en avant;* (escrime) *botte.*

13. **to fling** (**flung, flung**) : *lancer.*

14. **to pin** : **a.** *épingler;* **b.** *immobiliser, clouer* (au sol, contre un mur, etc.); **c.** *localiser, mettre le doigt sur.* **To pin something on someone**, *mettre quelque chose sur le dos de quelqu'un.*

15. **lay** : de **to lie** (**lay, lain**), *être posé, se trouver / être étendu, gésir.*

16. **merely** : *purement, seulement, simplement.*

He could not wait to see[1] the surprise of his children when they saw[2] the marvellous bird which he had found.

When he arrived home, it was almost dark and the children had gone into their huts. The man sat at his wife's side and told her of the bird he had found.

"It is a most unusual bird," he explained. "There are many people who would like to have a bird like this one."

The woman asked him to open his bag, and he did so[3], making sure that the bird was unable to fly[4] out of the open neck[5] of the bag. The woman looked in and let out a cry of surprise.

"I have heard of[6] that sort of bird before," she said. "That is the sort of bird which gives milk."

The man was most surprised[7] that his wife should have heard of so unusual a bird[8], but he knew that her father had been a man who knew the names of all the birds and that she must have obtained her knowledge from him. Carefully reaching[9] into the bag, he took the bird out and held it before his wife. She quickly fetched a calabash and began to milk the bird. After only a few moments[10], the calabash was full with sweet[11]-smelling milk, which the man and the woman both drank. Then they put the bird into a spare[12] hut which they had and closed the door.

The next morning the woman went into the hut and, after waiting a few moments for her eyes to become accustomed to the darkness, she sought[13] out the bird and milked it again.

---

1. Mot à mot : *il ne pouvait pas attendre pour voir.*

2. **When they saw…** : attention à l'emploi des temps après **when** au sens de *lorsque*. **They will be surprised when they see…**, *ils seront surpris quand ils verront…* ; **they would be surprised when they saw…** *ils seraient surpris quand ils verraient…*

3. **he did so** : *il fit ainsi.* Cf. **He said so**, *C'est ce qu'il a dit.*

4. **to fly** (**flew, flown**) : **a.** *voler* ; **b.** *voyager en avion.*

5. **neck** : *cou, col, encolure* ; (guitare) *manche.* Désigne ici la partie plus étroite en haut du sac.

6. **to hear of** (**somebody, something**) : *entendre parler de* ; **to hear from someone**, *recevoir des nouvelles de quelqu'un* (par lettre, e-mail ou coup de téléphone de la personne en question elle-même). Cf. la formule de

Il était impatient de voir la surprise de ses enfants quand il verraient le merveilleux oiseau qu'il avait trouvé.

Quand il arriva chez lui, il faisait presque nuit et les enfants avaient gagné leurs cases. Il s'assit à côté de sa femme et lui parla de l'oiseau qu'il avait trouvé.

« C'est un oiseau très peu commun, expliqua-t-il. Bien des gens aimeraient en avoir un comme celui-ci. »

Sa femme lui demanda d'ouvrir le sac, ce qu'il fit, en s'assurant que l'oiseau ne pouvait pas s'envoler par la partie ouverte du sac. La femme regarda à l'intérieur et poussa un cri de surprise.

« J'ai déjà entendu parler de ce genre d'oiseau, dit-elle. C'est le genre d'oiseau qui donne du lait. »

L'homme fut très surpris que sa femme ait pu entendre parler d'un oiseau si rare, mais il savait que son père avait été un homme qui connaissait les noms de tous les oiseaux et que c'est de lui qu'elle devait détenir ces connaissances. Il plongea prudemment la main dans le sac, en retira l'oiseau et le tint devant sa femme. Elle alla vite chercher une calebasse et commença à traire l'oiseau. En peu de temps, la calebasse se trouva remplie d'un lait à l'odeur agréable, que l'homme et la femme burent tous les deux. Puis ils mirent l'oiseau dans une case inoccupée et en fermèrent la porte.

Le lendemain matin, la femme entra dans la case et, après avoir attendu quelque temps pour que ses yeux s'habituent à l'obscurité, elle dénicha l'oiseau et se mit à le traire de nouveau.

---

clôture d'une lettre : **I hope to hear from you soon**, *j'espère avoir bientôt de vos nouvelles.*

7. **most surprised** : emploi du superlatif (sans article) comparable au français « *des plus surpris* ».

8. **so unusual a bird** = **such an unusual bird**.

9. **to reach** : a. *atteindre, arriver à* ; b. *faire un mouvement pour atteindre / s'emparer de, étendre le bras, etc.*

10. Mot à mot : *Après seulement quelques instants.*

11. **sweet** : *doux* ; *sucré* ; *agréable.*

12. *spare* : *de réserve, de rechange, dont on ne se sert pas.* **Spare clothes**, *vêtement de rechange* ; **spare room**, *chambre d'amis* ; **spare tyre** / (US) **tire**, *pneu de rechange.*

13. **to seek** (**sought**, **sought**) : *chercher, rechercher.* **Out** indique l'effort que l'on fait pour *trouver*, pour *identifier.*

Then she took the calabash of milk to her children, who drank it all and asked for more.

"You may[1] have more tonight," she said. "From now on, there will always be such milk for you."

The children were delighted with the fresh supply[2] of such delicious milk. Every morning[3] they drank their fill, and their parents finished off the rest. With all the milk they were getting, the children began to grow[4] larger and sleeker[5], and their skin shone with good health.

At the end of a month, the children began to be inquisitive[6] about the source of the milk.

"I don't understand how we get such sweet milk from our cows," the girl said to her mother. "They have never given such milk before."

The woman smiled, and said nothing.

"Perhaps you have a secret cow somewhere," suggested the boy.

Once again[7] the mother said nothing. She did not want to tell her children that what they were drinking was bird's milk, as she had heard from her father that children did not like to think[8] they were drinking[9] milk from birds. If they stopped drinking the milk, then they would surely lose all the fat[10] which they had put on[11] and which made them so much admired by everybody else in that place.

---

1. **you may** : *vous pouvez / vous pourrez*. Autre traduction : *vous y aurez encore droit ce* soir. **May** signifie *pouvoir* au sens d'*avoir l'autorisation*, ou indique une probabilité.

2. **fresh supply** : **fresh** s'applique à la fraîcheur du lait, mais fait aussi partie de l'expression **fresh supply**, *nouvelles provisions* ; **to get in a fresh supply**, *renouveler son stock, recevoir une nouvelle livraison*. **Supply**, *provision, réserve, stock* ; *ravitaillement* ; **to supply**, *fournir, approvisionner, ravitailler*.

3. **every morning** : traduit le plus souvent par *tous les matins* ; cf. **everyday**, *tous les jours*.

4. **to grow** : **a.** *pousser* ; *cultiver* ; **b.** *devenir* : **to grow old**, *devenir vieux, vieillir* ; **to grow larger** indique ici que les enfants *deviennent plus forts* (plus grands et plus gros).

5. **sleek** : *lisse et brillant, luisant*. S'applique souvent aux cheveux ou aux poils d'un animal. Indique ici la bonne santé.

Puis elle porta la calebasse de lait à ses enfants, qui le burent en entier et en redemandèrent.

« Vous en aurez encore ce soir, dit-elle. À partir de maintenant, il y aura toujours de ce lait pour vous. »

Les enfants étaient enchantés de ces rations d'un lait si délicieux. Chaque matin ils buvaient tout leur content de lait, et leurs parents finissaient ce qui restait. Avec tout le lait qu'on leur donnait, les enfants commencèrent à devenir plus grands et plus dodus et leur peau avait l'éclat de la bonne santé.

Au bout d'un mois, les enfants se mirent à poser des questions sur l'origine du lait.

« Je ne comprends pas comment nos vaches peuvent nous donner un si bon lait, dit la fille à sa mère. Elles ne nous ont jamais donné beaucoup de lait jusqu'ici. »

Sa mère sourit et ne répondit rien.

« Peut-être que vous avez une vache secrète quelque part », suggéra le garçon.

Sa mère ne dit toujours rien. Elle ne voulait pas dire aux enfants que le lait qu'ils buvaient était du lait d'oiseau, car elle avait entendu son père dire que les enfants n'aimaient pas l'idée qu'ils buvaient le lait qui venait d'un oiseau. S'ils arrêtaient de boire le lait, alors ils perdraient certainement toute la graisse qu'ils avaient accumulée et qui les faisait tellement admirer par tous les autres habitants du lieu.

---

6. **inquisitive** : *curieux* ; *indiscret* ; cf. le verbe **to inquire**, *se renseigner, s'informer, demander* (des renseignements).

7. **once again** : *une fois de plus*.

8. Mot à mot : *n'aimaient pas penser*.

9. **stopped drinking** : notez que le verbe qui suit est à la forme en **–ing** après **to stop** au sens *d'arrêter de faire quelque chose*. **They stopped to drink** voudrait dire : *ils se sont arrêtés pour boire*.

10. **fat** : (nom) *graisse, gras* ; cf. l'adjectif **fat,** *gras(se), gros(se)* et le verbe **to fatten,** *engraisser* (volailles, animaux). **To get / grow fat**, *grossir, engraisser, prendre de l'embonpoint*.

11. **put on** : cf. **to put on weight**, *prendre du poids, grossir*, plus poli que **to grow fat**, qui indique un *embonpoint excessif*.

99

The girl went to her brother that evening and said that she had a plan. The next day, they would put a small bowl[1] of the milk outside and wait to see which animal came to drink it. In this way they would know where the milk came from and their curiosity would be satisfied.

When their mother gave them the calabash the next day[2], the girl poured a little of the milk into a bowl and gave it to her brother. He slipped out[3] of the hut and put the bowl down at the edge[4] of the bush. Then the two of them watched, waiting for the first animal to drink the milk.

A hyena[5] walked past[6], sniffed at the milk, but did not drink it. Then there came a baboon, who peered[7] into the bowl, but did not touch the milk. The baboon was followed by a rock rabbit, which also showed no sign of wanting to drink the milk[8]. At long last[9], a bird landed[10] near the bowl, and soon had his beak dipped in the milk[11]. After him there came more birds, until the bowl could not be seen for the fluttering[12] of wings about it.

"That is bird's milk we have been drinking[13]," the boy said. "Now we know."

"We shall go and see the bird when our parents are[14] in the fields," the boy said. "I have heard that birds which give milk are very colourful[15]."

---

1. **bowl** : *bol, jatte, coupe, gamelle, cuvette.*

2. **the next day** : *le jour suivant.* Mais attention ! *La semaine prochaine, le mois prochain, l'année prochaine* : **next week, next month, next year** (sans article).

3. **to slip** : *glisser ; se glisser.*

4. **the edge** : *le bord.* **The bush** ne désigne pas ici un buisson isolé, mais la *brousse.*

5. **hyena** : attention à la prononciation [haiˈɪːnə].

6. **to walk past** : *dépasser en marchant.*

7. **to peer** : *scruter ; dévisager.*

8. Mot à mot : *qui également ne montrait aucun signe de vouloir boire le lait.*

La fille alla vers son frère ce soir-là et lui dit qu'elle avait un plan. Le jour suivant, ils poseraient une petite jatte de lait à l'extérieur et attendraient pour voir quels animaux viendraient y boire. Ils pouvaient ainsi savoir d'où provenait le lait et voir leur curisosité satisfaite.

Quand leur mère leur amena la calebasse le lendemain, la fille versa un peu du lait dans la jatte et la donna à son frère. Il se faufila hors de la case et posa la jatte à la lisière des buissons. Puis ils guettèrent tous les deux, attendant le premier animal qui viendrait boire le lait.

Une hyène passa par là, renifla le lait, mais ne le but pas. Puis vint un babouin, qui examina la jatte, mais ne toucha pas au lait. Il fut suivi par un lapin des rochers, qui ne manifesta lui non plus aucun désir de goûter au lait. Enfin, un oiseau se posa près de la jatte, et bientôt son bec était plongé dans le lait. Après lui vinrent d'autres oiseaux, jusqu'à ce que la jatte fût cachée par les battements des ailes qui l'entouraient.

« C'est du lait d'oiseau que nous avons bu, dit le garçon. Maintenant nous savons. »

« Nous irons voir l'oiseau quand nos parents seront aux champs, dit le garçon. J'ai entendu dire que les oiseaux qui donnent du lait ont de belles couleurs. »

---

9. **At long last** : la traduction française ne peut rendre, à moins de surtraduire (*à la fin des fins*) la différence (légère !) avec **at last**. **At long last** insiste sur la longueur de l'attente (*À la fin d'une longue attente*).

10. **to land** : *atterrir* ; *débarquer, descendre à terre*.

11. Autre traduction : *n'attendit pas pour plonger son bec dans le lait*. En effet, **soon** peut signifier *bientôt*, mais aussi *vite, sous peu*.

12. **to flutter** : *voleter, palpiter, voltiger, battre des ailes, s'agiter*.

13. **We have been drinking** : pourrait aussi se traduire par *que nous buvons*. Le **present perfect** s'emploie pour désigner une action commencée dans le passé et qui continue dans le présent.

14. **when our parents are** : emploi du présent en anglais au lieu du futur en français après **when,** au sens de *lorsque*.

15. **colourful** : *coloré* ; *pittoresque, haut en couleur*.

That afternoon, as the man and the woman were in the fields, the two children crept up to the bird's hut and opened the door.

Once inside, they looked about nervously and it was a few minutes before they saw the bird sitting[1] in his corner. The bird watched them suspiciously. He had grown used to the man and his wife, but the children were unfamiliar.

The children approached the bird and looked closely[2] at him, while the bird stared[3] back with its dark eyes, and blinked.

The boy looked at the bird's feathers and shook his head.

"It is sad," he said. "The bird has lost all the colours from his[4] feathers."

When it heard[5] this, the bird looked down at his own feathers and sighed[6].

"It is because I have been kept in here[7] for so long," the bird said to the boy. "I have not seen the sun for many weeks."

The boy shook his head.

"I am sorry," he said.

"If that is so[8]," said the bird, "you should take me out into the sunshine[9] for a few minutes. A short time in the open air would restore all the colours to my feathers."

The boy and the girl agreed to do this for the bird. Carefully they lifted[10] him in their arms and took him out into the open. Then they set him down on a low branch of a tree and watched[11] the colours return to his feathers. It happened quite[12] quickly, and soon the bird was no longer faded[13].

---

1. **sitting** : de **to sit** (**sat, sat**), s'*asseoir, être assis*, est le verbe utilisé pour un oiseau qui se pose, se perche ou se tient.

2. **closely** : *attentivement, de près, minutieusement, étroitement.*

3. **to stare** : *regarder fixement, écarquiller les yeux, ouvrir de grands yeux ; regarder effrontément, dévisager.*

4. **his feathers** : les animaux familiers sont le plus souvent masculin (**he**) ou féminin (**she**). C'est le cas pour tous les animaux dans la plupart des contes pour enfants.

5. **to hear** [hɪːəʳ], **heard, heard** [hɜːʳd], *entendre.*

6. **to sigh** [sai] : *pousser un soupir* ; **a sigh**, *un soupir.*

L'après-midi, alors que l'homme et la femme étaient aux champs, les deux enfants se glissèrent jusqu'à la case de l'oiseau et en ouvrirent la porte.

Une fois à l'intérieur de la case, ils la parcoururent nerveusement du regard, mais il leur fallut quelques minutes avant de voir l'oiseau qui se tenait dans son coin. Il les examina d'un air soupçonneux. Il était habitué à l'homme et à la femme, mais les enfants ne lui étaient pas familiers.

Ceux-ci s'approchèrent pour l'observer de près, tandis qu'il les fixait en retour de ses yeux sombres en clignotant.

Le garçon regarda les plumes de l'oiseau et secoua la tête.

« C'est triste, dit-il. L'oiseau a perdu toutes les couleurs de ses plumes. »

En entendant cela, l'oiseau baissa le regard sur ses plumes et soupira.

« C'est parce que je suis retenu ici depuis si longtemps, dit-il au garçon. Je n'ai pas vu le soleil depuis de nombreuses semaines. »

Le garçon secoua la tête.

« Je suis désolé », dit-il.

« Si c'est ainsi, dit l'oiseau, vous devriez me sortir au soleil pour quelques minutes, quelques instants à l'air libre redonneraient toutes leurs couleurs à mes plumes. »

Le garçon et la fille acceptèrent de faire cela pour l'oiseau. Ils le prirent doucement dans leurs bras et le portèrent à l'air libre. Puis ils le déposèrent sur une branche basse d'un arbre et virent ses plumes reprendre de la couleur. Cela se produisit rapidement, et bientôt l'oiseau n'eut plus l'air défraîchi.

---

7. Autre traduction : *c'est parce que j'ai été enfermé ici.*

8. Autre traduction : *si tel est le cas.*

9. **sunshine** : *clarté / lumière du soleil.*

10. **to lift** : *lever, soulever, relever* ; cf. **a lift** (GB), *un ascenseur*, (US) **an elevator**.

11. **to watch** : *veiller* ; *regarder attentivement, observer, surveiller.*

12. Le sens de **quite** va de *assez* à *tout à fait, complètement, entièrement, parfaitement.*

13. **to fade** : (fleur, couleur) *se faner, se flétrir, se défraîchir* ; *s'effacer, s'atténuer, s'évanouir.*

"He is looking happier," the girl whispered[1] to her brother. "His feathers are normal again."

"Thank you," said the bird. And with that, he flew[2] up into the air and soon disappeared. The girl looked at the boy and wailed.

"We shall never be forgiven," she said. "We shall never find a bird like that again."

The boy was frightened of telling his father what had happened, and so went out into the hills to look for another bird which was exactly the same as the bird which had escaped. He searched[3] in all the places he knew birds liked, but in none of these did[4] he find a bird which looked at all[5] similar. On his way home, though, he was surprised by a strange sound in the grass. There, sheltering behind a small bush, was a bird which looked almost the same as the milk bird. The boy seized the bird, which did not resist but just looked at him, and blinked.

That night the woman went to milk[6] the bird in its[7] special hut. After she had finished, she brought the calabash out and gave it to her husband. He raised[8] it to his lips and took a sip[9].

"This is not milk," he said. "It is water. Why has our bird given us only water?"

The woman was unable to answer his question[10]. She went back to the bird and tried again to milk it, but once more all that the bird gave was water[11].

---

1. **to whisper** : *chuchoter, murmurer, susurrer* ; (vent, feuilles) *bruisser*. **A whisper** : *un chuchotement, un murmure* ; *un bruissement*.

2. **to fly** (**flew, flown**) : **a.** *voler, s'envoler* ; **b.** *voyager en avion* ; **c.** *s'enfuir.* **A flight** : *un vol* (aérien).

3. **to search** : *inspecter, fouiller, chercher dans*. **To search a house**, *perquisitionner dans une maison*.

4. **did** : l'emploi de **did** avant **he find** est ici causé par la formule négative (**in none of these**) qui précède ; cf. **In no way do I think that**..., *je ne pense en rien que...*

5. **at all** : *le moindrement*.

6. **to milk** : **to milk a bird** est moins surprenant en anglais que le français *traire un oiseau*, car il indique le résultat de l'action d'obtenir du lait.

« Il a l'air plus heureux, chuchota la fille à son frère. Ses plumes sont redevenues normales. »

« Merci », dit l'oiseau. Et sur ces mots il s'éleva en l'air et eut bientôt disparu. La fille regarda le garçon et gémit.

« Nous ne serons jamais pardonnés, dit-elle. Nous ne retrouverons jamais un oiseau comme celui-ci. »

Le garçon était terrifié à l'idée de raconter à son père ce qui s'était passé, aussi partit-il dans les collines pour chercher un autre oiseau qui soit exactement le même que celui qui s'était échappé. Il inspecta tous les endroits qu'il savait aimés des oiseaux, mais il ne trouva en aucun d'eux un oiseau tant soit peu identique. Mais sur le chemin du retour il fut surpris d'entendre un bruit étrange dans l'herbe. Là, s'abritant derrière un petit buisson, se trouvait un oiseau qui ressemblait beaucoup à l'oiseau donneur de lait. Le garçon se saisit de cet oiseau, qui ne résista pas mais se contenta de le regarder et de cligner des yeux.

Ce soir-là la femme alla traire l'oiseau dans la case qu'il occupait. Quand elle eut fini, elle sortit la calebasse et la présenta à son mari. Il la porta à ses lèvres et but une gorgée.

« Ce n'est pas du lait, dit-il. C'est de l'eau. Pourquoi notre oiseau ne nous a-t-il donné que de l'eau ? »

La femme fut incapable de répondre à la question. Elle retourna à l'oiseau et essaya de nouveau d'en obtenir du lait, mais une fois de plus il ne put donner que de l'eau.

---

plutôt que la manière (traire = tirer). On aurait pu traduire par *alla prendre son lait à l'oiseau*. **To milk** s'emploie aussi au sens de *saigner un arbre*.

7. **its** : c'est le masculin **his** qui est plus haut employé pour parler de l'oiseau – **his feathers** –, mais l'auteur, plus distant, lui applique ici l'adjectif possessif neutre **its**.

8. **to raise** : a. *lever, soulever* ; *dresser* ; b. *augmenter* ; **to raise one's hand**, *lever la main* ; **to raise a question**, *soulever une question* ; **to raise wages**, *augmenter les salaires*.

9. **a sip** : *une petite gorgée* ; **to sip**, *boire à petits coups, à petites gorgées, siroter*.

10. **to answer his questions** : notez que **to answer** est suivi d'un complément direct (sans préposition). *Répondre à une question*, **to answer a question** ; *répondre à quelqu'un*, **to answer someone**.

11. Mot à mot : *tout ce que l'oiseau donna fut de l'eau.*

This made the woman wail[1], as she could think of no reason why[2] the bird should suddenly have turned against them in this way.

The next day, while their parents sat under a tree and mourned the change[3] in their bird, the two children crept out into the bush to see if they could find another bird that would give milk[4]. They felt responsible for the loss of the first bird, and they knew that sooner or later[5] they would have to confess[6] to their parents what had really happened. They walked far[7], and eventually[8] they came to a place where there was a group of boys calling out in excitement. They ran over to join the group of boys and saw that they had surrounded a bird and were throwing stones at[9] it and calling it names[10].

The boy and his sister were angered at[11] the cruelty of the boys. They seized two large sticks[12] which were nearby[13] and drove the other boys away, telling them that it was wrong to surround such a bird and torment it. Then they looked at the bird, which was lying on the ground, , its breast[14] trembling with fear. At once they knew that it was the milk bird.

Gently, the boy lifted up the milk bird and carried it home. Without being seen by the parents, he took the bird into the hut and exchanged it for the water bird. The water bird then flew away, cackling with pleasure at its freedom[15].

---

1. **to wail** : *gémir, se lamenter*; *pleurnicher, vagir*.

2. **no reason why the bird** : cf. l'expression **Do you know why ?**/ **I don't know the reason why**, *Savez-vous pourquoi ?* / *Je ne sais pas pourquoi*.

3. **change** : attention à la prononciation [tʃeɪndʒ]; le **a** est prononcé comme dans **table**, et non comme dans **pen** (*stylo*).

4. Mot à mot : *qui donnerait du lait*.

5. Mot à mot : *plus tôt ou plus tard*.

6. **to confess** : *avouer, confesser, reconnaître* (ses torts). Attention à la construction *avouer un crime*, **to confess to a crime**.

7. Mot à mot : *ils marchèrent loin*.

8. **eventually** : *finalement*. Rappel : *éventuellement* se dit **possibly**.

Cela fit gémir la femme, alors qu'elle ne voyait aucune raison pour que l'oiseau se soit soudain retourné contre eux de cette façon.

Le jour suivant, tandis que leurs parents étaient assis sous un arbre et se désolaient du changement de comportement de leur oiseau, les deux enfants partirent furtivement dans la brousse pour voir s'ils pourraient trouver un autre oiseau capable de donner du lait. Ils se sentaient responsables de la perte du premier, et ils savaient que, tôt ou tard, ils leur faudrait avouer à leurs parents ce qui s'était vraiment passé. Ils marchèrent longtemps, et arrivèrent finalement en un lieu où un groupe de garçons criaient d'excitation. Ils accoururent pour se joindre au groupe et virent qu'ils avaient encerclé un oiseau et lui jetaient des pierres en l'injuriant.

Le garçon et la fille furent irrités de la cruauté des garçons. Ils saisirent deux gros bâtons qu'ils trouvèrent là et chassèrent les autres garçons, en leur disant que c'était mal d'encercler un oiseau et de le tourmenter. Puis ils regardèrent l'oiseau, qui gisait sur le sol, la gorge tremblante de peur. Ils comprirent aussitôt que c'était l'oiseau donneur de lait.

Le garçon le souleva délicatement et le ramena à la maison. Sans être vu des parents, il le porta dans la case où il l'échangea contre l'oiseau à eau. Ce dernier s'envola pour retrouver sa liberté en caquetant de joie.

---

9. **at** : indique ici, comme souvent, l'hostilité. Notez la différence entre **to throw something to someone**, *jeter quelque chose à quelqu'un* (pour qu'il l'attrape) et **to throw something at someone**, *jeter quelque chose à quelqu'un* (pour lui faire mal).

10. **to call someone names** : *injurier, invectiver, dire des injures à quelqu'un.*

11. **To anger** : *mettre en colère, irriter, courroucer,* cf. **anger**, *la colère* ; **angry**, *en colère, irrité.*

12. **stick** : *bâton, canne ; manche ; baguette.*

13. **nearby** : *tout près, tout proche, à côté.*

14. **breast** : *sein ; poitrine ; poitrail.*

15. Mot à mot : *caquetant de plaisir à* (l'idée de...) *sa liberté.*

The milk bird did not attempt to escape again. It[1] was grateful to the boy and his sister and from that time on gave milk which was sweeter than ever before[2]. The milk bird stayed alive until the boy and his sister grew up[3] and left that place. Then it fell to the floor of its dark hut, its heart[4] broken with sorrow.

---

1. **It** : l'auteur emploie le pronom personnel neutre là où les enfants employaient le masculin.

2. Mot à mot : *que jamais auparavant*.

3. **to grow up** : *grandir, devenir grand*; *devenir adulte*; cf. **when you are grown up**, *quand tu sera / vous serez grand(e)(s)*; **the grown-ups,** *les adultes*.

4. **heart** : rappel : attention à la prononciation; voir p. 23.

L'oiseau à lait n'essaya plus de s'échapper. Il était reconnaissant au garçon et à sa sœur et à partir de ce jour, il donna un lait qui était encore meilleur. L'oiseau à lait resta en vie jusqu'à ce que le garçon et sa sœur grandissent et quittent ce lieu. Alors il tomba sur le sol de sa sombre case, le cœur brisé par le chagrin.

Beware Of Friends
You Cannot Trust

Méfiez vous des amis
auxquels vous ne pouvez pas faire confiance

Hyena was miserable[1]. It was some time since he[2] had eaten, and there was no food to be seen anywhere[3]. He sat by the side of the road and tried ti remember his last meal, but all he could think of was the pain that was gnawing[4] away at his stomach[5].

As hyena sat in misery[6], Jackal walked past. He was never miserable, as he always had enough to eat. He looked at Hyena and asked him why he was so downcast[7].

"It is because I have had no food for days," Hyena howled[8]. "Other animals are fat and sleek, but I am just bones. It might be better if I were to die now, rather than to wait."

"Well your troubles are over, Uncle," said Jackal. "It happens that I know a very good place for food."

"Will you show it to me?" asked Hyena. "I only want a little."

"I will do that with pleasure," said Jackal, preening[9] himself as he spoke. "All you have to do is to follow me."

The two friends made their way to a place which Jackal knew. It was a place where men lived, and it had a stock[10] pen around which the men had built a high fence.

"This is the place[11]," said Jackal. "That pen is full of sheep[12] and goats[13]. We can eat as much as we like[14]."

"But what about[15] the fence?" asked Hyena. "It is far too high for us to jump over."

Jackal smirked[16]. "I have a way in," he said confidently. "There is a hole in that fence.

---

1. **miserable** : désigne plutôt un état psychologique que la pauvreté. Au sens de *pauvre* utiliser **poor**, **destitute**, **poverty-stricken**.

2. **he** : en anglais un animal peut-être **he** ou **she** selon qu'il est mâle ou femelle.

3. Mot à mot : *il n'y avait aucune nourriture à voir quelque part*. **Anywhere** est employé ici à cause de **no food** qui précède, le sens étant le même que **nowhere was food to be seen**.

4. **to gnaw** : *ronger*; le **g** n'est pas prononcé [nɔː].

5. **stomach** : souvent utilisé au sens de *ventre*. Moins familier que **belly**.

6. **misery** : *tristesse, douleur, souffranc*e.

7. **downcast** : *abattu, démoralisé, découragé*.

8. **to howl** : *hurler* (souvent de douleur ou de désespoir).

9. **to preen oneself** : (oiseau) *se lisser les plumes*; (chat) *se lécher le poil*; *se pomponner*.

Hyène avait le cafard. Cela faisait un certain temps qu'il n'avait pas mangé et il ne voyait nulle part une nourriture quelconque. Il s'accroupit au bord de la route et essaya de se rappeler son dernier repas, mais tout ce à quoi il pouvait penser était la douleur qui lui rongeait l'estomac.

Pendant qu'il se désespérait, Chacal passa par là. Il n'avait jamais le cafard, car il avait toujours assez à manger. Il regarda Hyène et lui demanda pourquoi il était si abattu.

« C'est parce que je n'ai rien mangé depuis des jours, gémit bruyamment Hyène. Les autres animaux sont gras et luisants de santé, mais je n'ai plus que la peau sur les os. Il vaudrait peut-être mieux que je meure tout de suite au lieu d'attendre. »

« Eh bien, Oncle, tes ennuis sont finis, dit Chacal. Il se trouve que je connais un très bon endroit pour la nourriture. »

« Veux-tu bien me le montrer, demanda Hyène. J'en veux juste un peu. »

« Avec plaisir, dit Chacal, se léchant le poil tout en parlant. Tout ce que vous avez à faire, c'est de me suivre. »

Les deux amis gagnèrent un endroit connu de Chacal. C'était un lieu où vivaient des hommes, et il y avait un enclos pour le bétail autour duquel on avait dressé une haute palissade.

« C'est l'endroit, dit Chacal. L'enclos est rempli de moutons et de chèvres. On peut en manger autant qu'on veut. »

« Oui mais, et la palissade ? demanda Hyène. Elle est beaucoup trop haute pour qu'on saute par-dessus. »

Chacal sourit avec suffisance. « Je sais comment entrer, dit-il avec assurance. Il y a un trou dans cette palissade.

---

10. **stock** : ou **livestock**, *bétail* (synonyme : **cattle**).

11. **place** : l'auteur répète abondamment les mêmes mots pour donner une impression de simplicité et de naïveté à son récit. Procédé plus facile en anglais, qui admet la répétition plus que le français.

12. **sheep** : singulier et pluriel – *un mouton*, **a sheep** ; *les moutons*, **the sheep**.

13. **goat** : **he-goat**, *bouc ;* **she-goat**, *chèvre.*

14. **as we like** : cf. **Do as you like**, *faites comme vous voulez / voudrez.*

15. **what about** : mot à mot : *quoi à propos de.* Souvent traduit par *et* ou *qu'en est-il de, quid de.*

16. **to smirk** : *avoir un sourire narquois / affecté / suffisant.*

It is only a small hole, but we shall be able to squeeze[1] through it."

Hyena followed Jackal to the place where the hole was. As Jackal had said, it was not a big hole, but they both just managed to get through and found themselves standing in the animal pen. And Jackal had been right[2]. There were many sheep and goats standing about, peering at the two unwelcome visitors, waiting to be eaten.

"Do not eat the goats," Jackal whispered. "They make a great noise[3] and will wake the men. Eat only the sheep."

The two friends then chased some sheep into a corner.

"You eat the fat one," said Jackal. "I will eat the small one."

Hyena thought that this was most generous of Jackal, as had he been in Jackal's position, he would undoubtedly[4] have chosen[5] to eat the fat sheep.

The sheep tasted good[6]. Hyena ate and ate until he had eventually finished even the bones and skin of the fat sheep. Jackal finished his sheep more quickly, as it was much smaller.

Then they prepared to leave. As he stood up, Hyena felt his belly sag[7] under him. It had been a very long time[8] since he had had such a large amount to eat and his skin was stretched[9] thin[10] to accommodate[11] all the delicious meat.

"I will just take one bite[12] out of a goat," Jackal announced. "Goat meat is very delicious and it would help[13] the rest of my meal go down[14]."

---

1. **to squeeze** : *presser, comprimer, sevrer.*

2. **to be right** : *avoir raison* (contraire : **to be wrong**, *avoir tort*).

3. **to make a noise** : *faire du bruit.*

4. **undoubtedly** : *sans aucun doute.* ATTENTION : le **b** n'est pas prononcé [ʌnˈdaʊtɪdlɪ] (cf. **doubt**, *doute*, **to doubt** [daʊt], *douter*).

5. **to choose** (**chose**, **chosen**) : *choisir.*

6. **to taste good** : *être bon, avoir un bon goût.* Contraire : **to taste bad**, *être mauvais, avoir (un) mauvais goût.* Cf. **to smell good** (odeur) ; **to feel good** (sensation) ; **to look good** (apparence).

7. **to sag** : *pendre, s'affaisser, fléchir, être mal tendu.*

8. **It had been a very long time** : cf. **It has been a very long time**, *cela fait très longtemps.*

Ce n'est qu'un petit trou, mais on va pouvoir se faufiler. »

Hyène suivit Chacal jusqu'à l'emplacement du trou. Comme l'avait dit Chacal, celui-ci n'était pas grand, mais ils réussirent juste à se glisser à l'intérieur tous les deux, et se retrouvèrent debout dans l'enclos. Et Chacal n'avait pas menti. Il y avait beaucoup de moutons et de chèvres alentour, fixant les deux visiteurs indésirables et s'attendant à être mangés.

« Ne mange pas les chèvres, murmura Chacal. Elle font beaucoup de bruit et vont réveiller les hommes. Ne mange que les moutons. »

Les deux amis poussèrent quelques moutons dans un coin.

« Tu manges le gros, dit Chacal. Je vais manger le petit. »

Hyène pensa que c'était très généreux de la part de Chacal, car s'il avait été à la place de ce dernier, il aurait certainement choisi de manger le gros mouton.

Le mouton était délicieux. Hyène s'empiffra, allant jusqu'à avaler les os et la peau du gros mouton. Chacal termina le sien plus rapidement, comme il était beaucoup plus petit.

Ils se préparèrent alors à partir. En se redressant, Hyène sentit son ventre pendre sous lui. Ça faisait bien longtemps qu'il n'avait pas eu autant à manger et sa peau était tendue à craquer pour loger toute cette viande délicieuse.

« Je vais juste prendre une bouchée de chèvre, annonça Chacal. La viande de chèvre est succulente et c'est pour m'aider à digérer le reste de mon repas. »

---

9. **to stretch** : *tendre, étirer, distendre, étendre, déployer ; s'étendre ; durer.*

10. **thin** : *mince, maigre, peu épais* ; (argument) *léger, peu convaincant.*

11. **to accommodate** : *loger, contenir* (hôtel, etc.), *recevoir, accueillir* ; **accommodation**, *logement.*

12. **bite** : **a.** *morsure* (**to bite, bit, bitten**, *mordre*) ; **b.** *bouchée, morceau.*

13. Mot à mot : *cela aiderait.* Rappel : en anglais moderne, **to help** est souvent suivi, comme ici, d'un verbe à l'infinitif sans **to**.

14. **to go down** : *descendre ; s'écouler ; sombrer* ; (soleil) *se coucher* ; (argument, etc.) *être accepté, plaire* : **This won't go down well**, *ça passera mal.*

No sooner had he said this, than he pounced[1] on a goat and took a bite[2] out of its leg. The goat cried out and made a terrible bleating noise. This awoke the dogs who were sleeping near the huts. They barked furiously and in due course[3] awoke the men.

"We shall have to leave quickly," said Jackal, darting[4] for the hole by which they had entered.

Jackal slipped out of the hole without difficulty, but when it came to Hyena's turn he was so round from eating the fat sheep that he could not get through. He struggled and wriggled[5], but it was no good[6]. Soon the people were upon him, beating him with their knobkerries[7] and shouting angry words at him[8]. By the time he managed to escape, he was covered with dreadful[9] bruises[10].

Hyena went off to a quiet place and wept[11]. He had now forgotten the delicious meal which he had enjoyed and all that remained was the burning pain[12] from the blows which the people had inflicted on him. Hyena wept many tears. Some were for the shame of what had been done to him; others were over friends who could not be trusted.

---

1. **to pounce (on)** : *bondir / sauter / se jeter / se précipiter (sur), attaquer subitement.*

2. **bite** : prend ici ses deux sens de *morsure* et de *bouchée / morceau.*

3. **in due course** : *en temps utile, en temps voulu, à la longue.*

4. **to dart** : *se précipiter, s'élancer, foncer (sur)* ; *filer comme une flèche (a dart, une fléchette).*

5. **to wriggle** : *se tortiller, gigoter, se trémousser* ; *frétiller.*

6. **it was no good** : *cela ne servait à rien.*

A peine avait-il dit cela qu'il bondit sur une chèvre et lui arracha un morceau de patte d'un coup de dent. La chèvre poussa un grand cri et se mit à bêler frénétiquement. Ceci réveilla les chiens qui dormaient près des cases. Ils aboyèrent furieusement ce qui eut pour effet de réveiller les hommes.

« Il va falloir partir vite », dit Chacal, en fonçant vers le trou par où ils étaient entrés.

Chacal se glissa à l'extérieur mais, quand ce fut le tour de Hyène, il était si gonflé après avoir mangé le gros mouton qu'il ne put s'extraire du trou. Il se débattait et se tortillait, mais sans résultat. Bientôt les gens furent sur lui, le frappant avec leurs massues et le traitant de tous les noms. Quand il réussit enfin à s'échapper, il était couvert de terribles contusions.

Hyène se réfugia dans un endroit tranquille et pleura. Il avait maintenant oublié le délicieux repas qu'il avait savouré et tout ce qui en restait était la douloureuse brûlure des coups que ces gens lui avaient infligés. Hyène versa de nombreuses larmes. Certaines à cause de la honte de ce qu'il avait subi, d'autres en pensant aux amis à qui on ne pouvait pas faire confiance.

---

7. **knobkerries** : *massue à grosse tête*, servant également d'armes de jet, utilisées par les aborigènes d'Afrique du Sud.

8. Mot à mot : *criant des mots irrités après lui*.

9. **dreadful** : *affreux, atroce, terrible, redoutable, épouvantable*.

10. **bruise** : *bleu, meurtrissure, contusion, ecchymose* ; **to bruise**, *contusionner, meurtrir, faire un bleu*.

11. **to weep (wept, wept)** : *pleurer, verser des larmes* (**to shed tears**).

12. **burning pain** : mot à mot : *douleur brûlante*.

Glossaire

accommodate (to) *loger, conte-nir ; recevoir, accueillir*

accustomed (to get) *s'habituer*

adopt (to) *adopter*

afraid (to be) *être effrayé*

again *à nouveau*

agree (to) *accepter, donner son accord*

ahead *en avant, devant ; en avance*

alight (to) *descendre, mettre pied à terre ; se poser*

allow (to) *permettre*

alone *seule*

already *déjà*

also *aussi, également*

although *bien que*

altogether *complètement, tout à fait, en tout état de cause*

anger *colère*

angry *fâché, en colère*

another *un(e) autre*

approach (to) *approcher, s'ap-procher*

arise from (to) *provenir de, résulter*

arise, arose, arisen (to) *se lever ; survenir, surgir*

arrow *flèche*

ask (to) *demander*

astonished *étonné, stupéfait*

attempt (to) *tenter*

baboon *babouin*

barely *à peine*

barren *stérile*

battleground *champ de bataille*

beak *bec*

bear, bore, borne (to) *porter ; supporter*

become, became, become (to) *devenir*

begin, began, begun (to) *commencer*

behind *derrière*

believe (to) *croire*

belly *panse*

bend, bent, bent (to) *pencher, se pencher*

better *mieux*

bird *oiseau*

birth *naissance*

bite, bit, bitten (to) *mordre ; piquer*

bitter *amer(ère)*

blink (to) *cligner*

bloat (to) *gonfler*

blood *sang*

bone *os*

both *tous deux*

bother (to) *ennuyer, harceler ; se tracasser*

bound (to) *bondir*

bowl *jatte, bol, coupe, gamelle, cuvette*

breast *sein, poitrine, poitrail*

breath *haleine, souffle*

breeze *brise*

bright *brillant ; vif*

bring, brought, brought (to) *apporter*

broad *large*

brother *frère*

brown *brun(e)*

bruise *bleu, meurtrissure, contusion*

bundle *paquet, ballot; liasse*
bush *buisson*
business *affaire*
busy *occupé*
but *mais; sauf, si ce n'est*
buy, bought, bought (to) *acheter*
cackle (to) *caqueter*
calabash *calebasse*
call in (to) *passer voir qqn*
call on (to) *rendre visite*
call out (to) *entonner*
cannibal *cannibale*
capture (to) *capturer*
careful (to be) *faire attention*
carry (to) *transporter*
catch fire (to) *prendre feu, s'en-flammer*
catch, caught, caught (to) *attraper*
cattle *bétail*
cave *caverne*
charm *charme, amulette, fétiche; breloque*
chase (to) *chasser*
cheek *culot, audace*
cheerfully *joyeusement*
choose, chose, chosen (to) *choisir*
cicada *cigale*
circle (to) *décrire des cercles*
claw *griffe*
clear up (to) *dégager, déblayer; résoudre, éclaircir*
clear *clair*
clever *malin; intelligent; astu-cieux*
close (to) *fermer*
close *près*
closely *attentivement*
coat *manteau; pelage; couche*

collect (to) *rassembler, ramas-ser; passer prendre; collection-ner; encaisser*
colourful *coloré; pittoresque*
come back (to) *revenir*
come, came, come (to) *venir*
complain (to) *se plaindre*
confess (to) *confesser, avouer*
consult (to) *consulter*
continue (to) *continuer*
convinced (to be) *être convaincu*
cook (to) *cuire*
cool *frais*
course (of) *bien sûr*
creep, crept, crept (to) *ramper*
crop *récolte*
crouch (to) *s'accroupir*
cruelty *cruauté*
crush (to) *écraser*
cry out (to) *pousser un cri, s'écrier*
cut, cut, cut (to) *couper*
damage *dégâts*
dare *oser*
darken (to) *assombrir*
dart (to) *se précipiter, foncer sur*
day after (the) *le surlendemain*
deal (a great) *beaucoup*
deal, dealt, dealt with (to) *s'oc-cuper de, se charger de, régler, résoudre*
deception *tromperie, duperie*
decide (to) *décider*
defiantly *d'un ton de défi*
deftly *adroitement, habilement*
delighted (to be) *être enchanté*
differently *différemment*
dinker *petite antilope*
dismay *consternation, désarroi*
do with (to) *faire avec*

do without (to) *se passer de*
door *porte*
downcast *abattu, démoralisé*
drag (to) *traîner*
drain (to) *drainer, assécher*
draw, drew, drawn (to) *tirer ; attirer ; dessiner*
dreadful *affreux, atroce, terrible, redoutable*
dress (to) *habiller*
dress *robe*
drink, drank, drunk (to) *boire*
drive away (to) *chasser, éloigner*
drive away (to) *éloigner, faire fuir*
drive, drove, driven (to) *conduire ; enfoncer*
dry *sec (sèche)*
due course (in) *en temps utile*
dull *ennuyeux, monotone ; morne ; terne*
dusty *poussiéreux*
dusty *poussiéreux(se)*
early *tôt*
eat, ate eaten (to) *manger*
emptiness *vide* (nom)
empty *vide* (adj.)
end *bout ; fin*
enjoy (to) *apprécier, aimer, prendre plaisir à*
enough *assez*
envious *envieux, jaloux*
envy (to) *envier*
evening *soir, soirée*
eventually *finalement*
everybody *tous, tout le monde*
everyone *chacun*
exclaim (to) *s'exclamer*
exist (to) *exister*
expect (to) *s'attendre à*

extract (to) *extraire*
eye *œil*
face (to) *faire face*
fade (to) *se décolorer, perdre son éclat ; s'affaiblir, baisser, s'estomper*
fail (to) *échouer ; faire défaut*
faint *léger, faible, vague*
far *loin*
far afield *loin*
far away *éloigné, lointain*
fat *gras(se)*
fear *peur*
feast *fête, festin, banquet*
feather *plume*
feed, fed, fed (to) *nourrir*
feel, felt, felt (to) *sentir, éprouver*
feeling *sentiment, sensation*
fell, fall, fallen (to) *tomber*
fence *clôture*
fetch (to) *aller chercher*
field *champ*
fill (to) *remplir*
find (found, found) out (to) *trouver ; se renseigner*
fine *beau*
finish (to) *finir*
fire *feu*
firmly *fermement*
first *d'abord ; premier*
flame *flamme*
flesh *chair*
fling, flung, flung (to) *lancer*
floor *sol ; plancher*
flow, flew, flown (to) *couler*
flutter (to) *voleter, palpiter, voltiger, battre des ailes, s'agiter*
fly, flew, flown (to) *voler ; voyager en avion*
follow (to) *suivre*

following *suivant*
fond of (to be) *aimer bien, aimer beaucoup, être attaché à*
food *nourriture*
fool (to) *tromper, duper*
footprint *empreinte de pas*
forgive, forgave, forgiven (to) *pardonner*
forward *vers l'avant*
free (to) *libérer*
freedom *liberté*
freely *abondamment ; librement*
friend *ami*
frighten (to) *effrayer*
front *entrée*
game *jeu*
gate *porte, portail, barrière, entrée*
get dark (to) *commencer à faire nuit*
get out (to) *enlever, retirer*
get rid of (to) *se débarrasser*
get round (to) *contourner*
gift *cadeau, présent*
give up (to) *abandonner*
give, gave, given (to) *donner*
glad *heureux*
glow (to) *briller*
gnaw (to) *ronger*
go, went, gone (to) *aller*
go away (to) *s'en aller*
go wrong (to) *se tromper, faire fausse route ; mal tourner, avorter*
goat (he) *bouc*
goat (she) *chèvre*
good-looking *beau (belle), attirant*
goodness *saveur*
grain *grain, céréale(s), blé*

grass *herbe*
grateful *reconnaissant*
great *grand ; important, intense, formidable*
grope (to) *tâtonner*
ground *sol*
grow up (to) *devenir adulte, grandir*
grow, grew, grown (to) *pousser, faire pousser ; élever*
grunt (to) *pousser un grognement*
guinea fowl *pintade*
half *moitié*
halt (to) *s'arrêter*
hammer *marteau*
hammer (to) *marteler*
hand *main*
handful *poignée*
happen (to) *se produire*
happiness *bonheur*
happy *heureux(se)*
hare *lièvre*
hatred *haine*
have to (to) *avoir à, devoir*
havoc (to wreak) *faire des ravages*
head *tête*
healthy *sain*
hear of (to) *entendre parler de*
hear, heard, heard (to) *entendre*
heart *coeur*
help oneself (to) *se servir*
hide, hid, hidden (to) *cacher, se cacher*
hill *colline*
hillside *à flanc de colline*
hold, held, held (to) *tenir ; organiser*
hole *trou*

hollow (to) *creuser, évider*

hope (to) *espérer*

however *cependant*

howl (to) *hurler*

hungry *affamé*

husband *mari, époux*

hut *cabane*

idea *idée*

ignore (to) *ignorer*

inquisitive *curieux, indiscret*

insult *insulte*

itch (to) *démanger, gratter*

jaw *mâchoire*

jeer (to) *railler, conspuer, huer*

jelly *gélatine*

jibe *raillerie, moquerie*

journey *voyage*

joy *joie*

jump (to) *sauter*

kill (to) *tuer*

knife (pl. knives) *couteau*

knobkerrie *massue à grosse tête*

know, knew, known (to) *savoir connaître*

kraal *enclos*

laugh (to) *rire* (verbe)

laughter *rire* (nom)

lay out (to) *poser, étendre, coucher ; pondre*

lead, led, led (to) *mener, conduire ; être en tête*

leader *chef*

leaf (pl. leaves) *feuille*

lean, leaned, leaned ou lent, lent (to) *se pencher, s'appuyer*

leap, lept, lept (to) *bondir*

least (at) *au moins*

leave, left, left (to) *partir, quitter ; laisser*

ledge *rebord, saillie*

leg *jambe ; patte*

leg (back) *patte de derrière*

let in (to) *laisser enter*

lice, pl. de louse *pou(x)*

lie, lay, lain (to) *être posé, allongé, étendu*

lift (to) *lever, soulever*

likely *probable*

limb *membre*

listen (to) *écouter*

live (to) *vivre*

lizard *lézard*

load *charge*

loneliness *solitude*

lonely *solitaire*

longer (no) *ne plus*

look (to) *paraître, sembler*

look for (to) *chercher*

look like (to) *ressembler*

lot (a) *beaucoup, un tas de*

loud *fort*

love (to) *aimer*

lunge *plongeon*

lurch *tanguer, tituber, vaciller*

maize *maïs*

make, made, made (to) *faire*

make out (to) *discerner*

make sure (to) *s'assurer, veiller bien à ce que*

manage (to) *gérer, diriger ; réussir, se débrouiller*

mane *crinière*

mark *marque*

marry (to) *épouser*

mat *tapis, carpette ; paillasson, natte*

matted *emmêlé*

meal *repas*

mean, meant, meant (to) *signifier*

meat *viande*

memory *souvenir*

merely *purement, simplement*

midday *midi*

middle *milieu*

milk *lait*

milk (to) *traire*

miserable (to be) *avoir le cafard*

misery *tristesse, douleur, souffrance*

miss (to) *manquer, rater*

mock (to) *moquer, se moquer*

monkey *singe*

month *mois*

morsel *morceau*

mouth *bouche*

mouthful *bouchée*

move (to) *bouger*

move away (to) *s'écarter*

nail *clou*

narrow escape (to have a) *s'en tirer de justesse*

narrow *étroit*

near *près*

nearby *à proximité*

neck *cou*

need *besoin*

nervous *nerveux(se)*

never *jamais*

new *neuf(ve); nouveau (velle)*

next day (the) *le lendemain*

nobody *personne*

noise *bruit*

normally *normalement*

nose *nez*

nothing *rien*

now *maintenant*

number (a) *un certain nombre*

obedient *obéissant*

once (at) *tout de suite*

once *une fois*

onward *en avant, de l'avant*

onward (from today) *à partir d'aujourd'hui*

open *ouvert*

other *autre*

outside *à l'extérieur*

overpower (to) *dominer, vaincre, terrasser, maîtriser*

own (to) *posséder*

ox (*pl.* **oxen**) *bœuf*

pain *douleur, peine*

painful *douloureux*

parcel *paquet*

part *endroit, coin, lieu; partie; rôle*

party *fête, réception*

pass (to) *passer; dépasser*

passer-by *passant*

paste *pâte*

path *sentier*

pay a visit (to) *rendre visite*

peer (to) *scruter, fixer*

people *gens*

perform (to) *accomplir, exécuter; se comporter; jouer, se produire*

perhaps *peut-être*

persuade (to) *persuader*

pick (to) *cueillir; choisir*

pick up (to) *ramasser*

pierce (to) *percer, transpercer*

pin (to) *épingler; immobiliser*

pinch (to) *pincer*

pink *rose*

pitch black *noir comme de la poix*

place *endroit*

plain *plaine*

plant (to) *planter*

play (to) *jouer*
plead (to) *plaider*
pleased *content, satisfait*
plough (to) *labourer*
pluck out (to) *plumer*
plume *panache, plumet, touffe de plumes*
pool *flaque; étang, bassin, pièce d'eau*
poor *pauvre*
possess (to) *posséder*
pot *marmite*
pounce (to) *bondir, se précipiter*
pound (to) *broyer, écraser, piler; cogner*
powder *poudre*
practise (to) *pratiquer, appliquer, exercer; s'entraîner*
preen oneself (to) *se lisser les plumes; se pomponner*
pretend (to) *feindre, faire semblant*
prey *proie*
pride *fierté*
produce (to) *produire*
proud *fier(ère)*
proud of (to be) *être fier de*
pumpkin *potiron*
push (to) *pousser*
put, put, put (to) *mettre*
put up with (to) *supporter, tolérer*
quick *rapide*
quickly *rapidement*
quiet *tranquille*
quite *assez, tout à fait*
rabbit *lapin*
rain *pluie*
raise (to) *lever, soulever; augmenter*
reach (to) *atteindre*

ready *prêt*
realize (to) *comprendre, se rendre compte*
rebuff (to) *repousser, rabrouer*
red hot *chauffé au rouge, brûlant*
reflection *reflet*
refuse (to) *refuser*
regret (to) *regretter*
relax (to) *(se) détendre, (se) relâcher*
relieve (to) *soulager, venir en aide; diminuer, dissiper, tranquilliser*
remain (to) *rester*
remember (to) *se souvenir*
remind (to) *rappeler*
remove (to) *enlever*
reply *réponse, réplique*
reply (to) *répliquer*
request *requête, demande*
require (to) *requérir, demander, réclamer*
rip (to) *déchirer, fendre, éventrer*
ripen (to) *mûrir*
ripple *ondulation, vaguelette*
rise, rose, risen (to) *se lever*
river *rivière; fleuve*
riverside *bord de la rivière, rive*
roar (to) *rugir*
rock *rocher*
roll (to) *rouler*
roll back (to) *remettre en place*
rope *corde*
rough *rude, rugueux; vague, approximatif, rudimentaire*
round *autour*
rub (to) *frotter, frictionner*
rumble *grondement, roulement*
run, ran, run (to) *courir*
run away (to) *s'enfuir*

run off (to) *s'enfuir*
rush (to) *se ruer, se précipiter ;*
   se presser
sad *triste*
sadden (to) *attrister*
safe *en sécurité*
sag (to) *pendre, s'affaisser, fléchir*
same *même, semblable*
sandbank *banc de sable*
saunter (to) *flâner, aller d'un*
   pas nonchalant
say, said, said (to) *dire*
scatter (to) *éparpiller*
scoop *écope, cuiller, pelle à main*
scream (to) *hurler, pousser un cri*
screech (to) *pousser des cris*
   perçants
scruff of the neck *peau du cou*
scurry (to) *filer, se précipiter ;*
   détaler
seal off (to) *condamner, sceller ;*
   boucler
search for (to) *chercher, recher-*
   cher, essayer de
see, saw, seen (to) *voir*
seed *semence, graine, pépin*
seek, sough, sought (to) *cher-*
   cher, rechercher
seem (to) *sembler*
seize (to) *saisir*
send away (to) *renvoyer*
send, sent, sent (to) *envoyer*
set off (to) *partir, se mettre en*
   route
settle (to) *s'installer ; régler ; se*
   calmer ; se dissiper ; coloniser
shade *ombre*
shade (to) *donner de l'ombre*
shake, shook, shaken (to)
   secouer

shame *honte*
sharp *pointu, aiguisé*
sharply *nettement, vivement,*
   brusquement
sheep *mouton(s)*
shelter (to) *abriter, s'abriter*
shine, shone, shone (to) *briller*
shocked *choqué, sous le choc*
short *court, bref*
shortage *pénurie, manque,*
   insuffisance
shout (to) *crier*
show (to) *montrer*
shrub *arbuste, arbrisseau*
shyly *timidement*
sick *malade*
sickly *maladif*
side *côté*
sigh (to) *soupirer*
sight *vue, aspect*
sign *signe, signe de la main*
sing, sang, sung (to) *chanter*
sink, sank, sunk (to) *couler,*
   sombrer
sip *petite gorgée*
sitting (at one) *en une seule fois*
sitting *séance*
skilled *adroit*
skin *peau*
sleek *lisse et brillant, luisant*
sleep, slept, slept (to) *dormir*
slip into (to) *se glisser dans*
smell, smelt, smelt (to) *sentir*
smile (to) *sourire*
smirk (to) *avoir un sourire nar-*
   quois, suffisant
smoke *fumée*
snake *serpent*
sniff (to) *renifler*
so that *afin que*

sob (to) *sangloter*
soft *doux(ce)*
sometimes *parfois*
somewhere else *ailleurs*
song *chant*
soon *bientôt*
sooner (no) *à peine*
sorrow *chagrin*
sorry *désolé*
sort *sorte*
sound *son, bruit*
spare *de rechange, de réserve*
spear *lance, sagaie*
spend, spent, spent (to) *passer; dépenser*
spin, span, spun (to) *tourner, tournoyer; tomber en vrille; filer*
spit, spat, spat (to) *cracher; crépiter*
split, split, split (to) *fendre, déchirer; partager; diviser*
spoil, spoilt, spoilt (to) *gâcher, détruire*
spot (to) *repérer, reconnaître*
spring *source*
squeeze (to) *écraser, presser, comprimer*
stab (to) *poignarder*
stalk (to) *filer, suivre, traquer*
stand, stood, stood (to) *se tenir debout*
stare (to) *fixer*
start (to) *débuter*
starve (to) *mourir de faim*
stay (to) *rester*
stay put (to) *ne pas bouger, rester à sa place*
step *pas; marche*
stick *bâton*

stick, stuck, stuck (to) *coller, adhérer*
stifle (to) *étouffer, suffoquer; réprimer, retenir*
still *encore; cependant; (adj.) tranquille*
stock *bétail*
stomach *estomac*
stone *pierre*
store *réserve*
store (to) *conserver, emmagasiner*
straightaway *tout de suite, immédiatement*
strange *bizarre, étrange*
stranger *étranger*
strength *force*
stretch (to) *tendre, étirer, distendre, déployer; durer*
stroke *coup*
strong *fort, robuste*
struggle (to) *lutter, se battre*
stupidity *stupidité*
suffer (to) *souffrir, endurer; supporter*
sun *soleil*
sunset *coucher du soleil*
supply *provision*
surprise (to) *surprendre*
surround (to) *encercler*
suspiciously *avec soupçon*
swallow (to) *avaler*
sweet *doux; gentil; sucré*
swim, swam, swum (to) *nager*
swing, swung, swung (to) *osciller, se balancer*
swing round (to) *se retourner*
swipe (to) *frapper; donner une gifle*
tail *queue*
take back (to) *ramener*

take, took, taken (to) *prendre*
take off *partir; décoller; enlever*
taken aback (to be) *être décontenancé*
talk (to) *parler*
tall *haut*
task *tâche*
taste (to) *goûter*
tasty *savoureux, goûteux*
taunt *sarcasme, raillerie*
teach, taught, taught (to) *enseigner*
tear *larme*
teeth, *pl. de* **tooth** *dent(s)*
tell, told, told (to) *dire*
then *puis, ensuite*
thick *épais*
thin *mince, peu épais; maigre*
thing *chose*
think, thought, thought (to) *penser*
third *troisième*
though *cependant*
throat *gorge*
through *à travers*
throughout *partout dans*
tie (to) *attacher*
time (by the) *au moment où*
tiny *minuscule*
together *ensemble*
told (to be) *s'entendre dire*
touch (to) *toucher*
trace (to) *tracer; relever*
travel (to) *voyager*
treat (to) *traiter*
tree *arbre*
trick (to) *rouler, tromper, duper*
trouble (to) *inquiéter, troubler; déranger*
trunk *trompe*

trust (to) *faire confiance*
truth *vérité*
try (to) *essayer*
tug (to) *tirer; remorquer*
turn (to) *tourner*
turn round (to) *se retourner*
twice *deux fois*
twig *brindille*
unable *incapable*
understand, understood, understood (to) *comprendre*
undoubtedly *sans doute*
uneasy *mal à l'aise*
unfair *injuste*
unhappily *malheureusement*
unknown *inconnu*
unless *à moins*
until *jusqu'à*
unusual *inhabituel; extraordinaire*
upside down *sens dessus dessous, à l'envers*
use (to) *utiliser*
vain *vaniteux, prétentieux*
vanish (to) *disparaître*
very *très; propre*
vine *sarment, tige; vigne grimpante*
voice *voix*
wail *gémissement*
wail (to) *gémir*
wait (to) *attendre*
wake up (to) *réveiller*
walk (to) *marcher*
walk back (to) *revenir (à pied)*
walk off (to) *s'éloigner*
walk past (to) *dépasser en marchant*
wander (to) *errer, flâner, vagabonder; s'égarer, écarter*

want (to) *vouloir*

warn (to) *avertir, alerter, mettre en garde*

waste (to) *gâcher, gaspiller*

watch (to) *observer*

water *eau*

water (to) *arroser ; s'embuer ; larmoyer*

wave (to) *agiter ; faire aller et venir ; faire signe*

way *façon, manière*

weak *faible*

wear, wore, worn (to) *porter*

weep, wept, wept (to) *pleurer*

welcome (to) *accueillir*

where *où*

whether *si oui... ou non*

whisper (to) *chuchoter, murmurer, susurrer*

whoever *qui que ce soit*

whomever *qui que ce soit*

wicked *méchant*

wife (*pl.* **wives**) *épouse*

wildly *frénétiquement ; furieusement*

will *volonté ; testament*

wily *malin, roublard, rusé*

wind *vent*

wing *aile*

wipe (to) *essuyer*

wise *sage, avisé*

wish (to) *souhaiter*

witchdoctor *guérisseur*

within sight *à portée de vue*

woman *femme*

wonder (to) *se demander ; penser songer ; s'émerveiller*

word *mot*

work (to) *travailler ; fonctionner*

world *monde*

worry (to) *inquiéter, tracasser ; s'inquiéter*

wound *blessure*

wrap (to) *envelopper*

wreak havoc (to) *faire des ravages*

wrench (to) *arracher*

wriggle (to) *se tortiller, gigoter ; frétiller*

yard *cour*

young *jeune*

Cet ouvrage a été composé par Peter Vogelpoel et Déclinaisons

Impression réalisée par

C P I
Brodard & Taupin

51814 – La Flèche (Sarthe), le 18-03-2009
Dépôt légal : avril 2009
POCKET – 12, avenue d'Italie - 75627 Paris cedex 13
Imprimé en France